Walter Reitz

Die Landschaft in Theodor Storms Novellen

unikum

Die Landschaft

in

Theodor Storms Novellen

von

Dr. WALTER REITZ

BERN. VERLAG VON A. FRANCKE. 1913

Druck von Büchler & Co. in Bern.

Vorwort.

Vorliegende Arbeit macht nicht Anspruch darauf, das Thema „*Die Landschaft in Th. Storms Novellen*“ zu erschöpfen, da es bei diesem Dichter wirklich unerschöpflich ist. Sie möchte nur ein Zweiglein sein am blütenlichten Baume, den die zahlreichen, von Verehrung und Liebe für Storm durchdrungenen literarischen Zeugnisse bilden. Dabei ist es mir eine schöne Freude, besonders meinem verehrten Lehrer, Herrn Prof. Dr. Harry Maync, für das warme Interesse, womit er meine Arbeit förderte und vervielseitigte, auch an dieser Stelle noch meinen herzlichsten Dank zu sagen.

Disposition:

I. Die geographische Beschaffenheit der Landschaft.

Theodor Storms Landschaftsmotive auf ihre geographische Beschaffenheit hin prüfen, heisst ungefähr so viel als: den Jugendeindrücken nachspüren, die er in seiner Heimat empfing und die bekanntlich auf den grössten Teil seiner gesamten Produktion bestimmenden Einfluss ausübten.

Am 13. August 1873 schreibt Storm an Emil Kuh:[1] „Ich wüsste nicht, dass bis zu meinem 18. Lebensjahre irgend ein Mensch .... Einfluss auf mich geübt, dagegen habe ich durch Örtlichkeiten starke Eindrücke empfangen; durch die Heide, die damals noch zwischen Husum und einem Dorfe lag, wohin ich fast alle vierzehn Tage mit dem Sohne des dortigen Predigers, der die Gelehrtenschule in Husum besuchte, ging, durch den einsamen Garten meiner Urgrossmutter .... auch durch die Marsch, die sich dicht an die Stadt schliesst, und das Meer, namentlich den bei der Ebbe so grossartig öden Strand der Nordsee." — Er erzählt dann von seinen wiederholten Ferienbesuchen in seines Vaters Heimat, in Westermühlen, und von den Knabenspielen im dortigen Walde, und fährt in seinem Briefe fort: „Da wir bei Husum auf

[1] Westermanns Monatshefte. (LXVII, 272.)

ein paar Meilen weit keinen Wald haben, so war der Eindruck dieses Waldlebens ein sehr lebhafter auf mich.“ Die Erinnerung an „das kleine in Busch und Baum begrabene Dorf“ Westermühlen ist in ihm zeitlebens wach geblieben und für ihn schliesslich ein Quell geworden, aus dem er seine innigst empfundenen, von seltsamem Gemütszauber erfüllten Natur- und Landschaftsschilderungen schöpfte. In seiner leider nur gerade begonnenen Selbstbiographie, den „Nachgelassenen Blättern von Theodor Storm“ („Deutsche Rundschau“ LVII, 341—346) beschreibt er eingehend und mit vieler Liebe die Wind- und Wassermühle und das ganze grosselterliche Gehöft Westermühlen und sagt: „Bei diesem Worte steigt ein ganzes Wald- und Mühlenidyll vor mir auf.“ Auch in seinem Briefe aus Potsdam vom November 1854 an Mörike[1] erzählt er von jenem Kirchdorf, das er mit seiner Frau wieder einmal besucht habe. „. . . Dann abends bis tief in die Nacht sassen wir in den weitläuftigen wüsten Gärten und hörten am Teiche und aus der Ferne von unten aus dem Dorf die Nachtigall schlagen, wie ich sie niemals weder zuvor noch später gehört habe. . . — Wir bleiben aber nicht auf der Mühle; wir gehen hinten aus am Garten entlang und pflücken aus dem Rankengewirr, das sich an dem Zaune hinzieht, bei der Hitze des Herbstnachmittags etwa eine süsse, glänzend schwarze Brombeere; dann über ein paar höher gelegene Ackerstrecken, bis wir links um ein Stückchen längs einem Arm des Mühlenbaches hingehen . . .; vor uns in grüner Busch- und Wieseneinsamkeit neben uralten Eichen liegt ein . . . Gehöft mit . . . ungeheurem, fast zur Erde reichendem Strohdach.“ Hier liegt auch der „Immenhof“, den er im „Grünen Blatt“ geschildert hat und den er „stets mit einem Gefühl von Andacht betreten, als näherte ich mich einem lieblichen Naturgeheimnis“ (Nachgelassene Blätter). Bei diesem Mühlengehöft schoss

---

[1] Jak. Bächtold: Briefw. zw. Th. Storm und Ed. Mörike. Dtsch. Rdsch. Bd. 58, 1889.

er als Knabe, vom Vetter verleitet, „ruchloser Weise“ den Storch vom Baum, worüber sein „Knabenherz ihm noch lange die bittersten Vorwürfe gemacht“; hier verfertigten sie Dohnen für den Krammetsvogelfang, und in dieser Gegend hatte er jenes seltsame Erlebnis, das er dann Arnold in der Novelle „Im Schloss“ erzählen lässt, jenen Gang über Gräben, durch Bruchland und Buschwerk in einen Wald. „Was mich aber damals wie ein Märchen anheimelte, in einer sonnigen Waldlichtung sah ich zum ersten und letzten Male in meinem Leben eine von den grossen, smaragdgrünen Eidechsen. Sie sass auf einem Baumstumpf und sah mich wie verzaubert mit ihren goldenen Augen an ...“ So schreibt Storm in jenem oben zitierten Briefe an Mörike. Das Seltsame dabei war nämlich, dass dort in der Nähe gar kein solcher Wald weder ist noch jemals war, sondern nur Busch und Wiesen und Äcker, dazu einzelne alte Bäume.

Mit Absicht habe ich Storm so oft mit eigenen Worten und in ausführlichen Berichten betonen lassen, welcher Art seine frühesten Landschaftseindrücke und wie teuer sie ihm waren. Denn wir werden noch zur Genüge erkennen, wie bestimmend sie auf sein ganzes Werk wurden. Ich verweise vorläufig nur auf die Märchenstimmung, die über den Schilderungen der Waldesstille liegt, etwa in „Immensee“, „Waldwinkel“, „Ein Fest auf Haderslevhuus“, „Ein grünes Blatt“, „Schweigen“ usw.

Nicht nur Westermühlen, sondern auch Urgrossmutters Garten lud den feinfühligen Knaben zum Träumen ein.

[1] „Muskathyazinthen —
Ihr blühtet einst in Urgrossmutters Garten;
Das war ein Platz, weltfern, weit, weit dahinten.“

Klingt es aus diesem Ritornell nicht wie ein leises Heimweh nach jenen verträumten Jugendtagen? Und noch als 56jähriger

---

[1] Werke VIII, 271.

lässt er uns den ganzen Zauber jenes altertümlichen Gartens empfinden. „Hier waren noch die steifen, gradlinigen Rabatten, der breite Steig dazwischen mit weissen Muscheln ausgestreut; perennierende Gewächse mit zarten blauen oder weissen Blumen und leuchtend gelben Staubfäden, andere mit feinen rötlichen Quästchen oder mit Blumen wie aus durchsichtigem Papier geschnitten, desgleichen man nur noch in alten Gärten findet, daneben gelbe und blutrote Nelken blühten hier zu beiden Seiten und verhauchten ihren süssen Sommerduft. — Zu Ende des Steiges in der jungen Lindenlaube sass jetzt das Grossmütterchen.“ [1] Dieser Garten sowohl als auch jener von Westermühlen hat für den Dichter eine ausserordentliche Bedeutung gehabt. Denken wir nur daran, wie bestrickend der Zauber jenes wilden Gartens in „Viola tricolor“ oder die Melancholie der herbstlichen Garteneinsamkeit in der Novelle „Auf dem Staatshof“ von Storm dargestellt wird. „Im Sonnenschein“, „Von jenseit des Meeres“, „Eine Halligfahrt“, „Im Schloss“, in all diesen und vielen weiteren Novellen führt uns der Dichter mit der anhänglichen Liebe der Erinnerung in traute Gärten, wohin kein Laut aus der „Welt“ dringen kann. Willrath Dreesen [2] bemerkt mit Recht, „dass die Poesie der Gärten seiner Knabenzeit ausserordentlich viel zur Ausbildung der romantischen Neigung des künftigen Dichters beitrug,“ und Storm bestätigt dies ja selbst, indem er an L. Pietsch schrieb: „Ich lege Ihnen hier ein Gedicht [3] bei, worin die Sehnsucht nach unserer alten Heimat Worte gefunden, eine (wohl nicht ganz gelungene) Dämonisierung dieser Garteneinsamkeit, welche die Mutter meiner meisten Produktionen ist.“ Diese „Sehnsucht“ nach einer abseitigen, stillen, traumerfüllten Welt — das ist Romantik.

---

[1] Von heut und ehedem. W. III, 172.

[2] W. Dreesen: „Romant. Elem. b. Th. Storm“, Dortmund 1905.

[3] „Garten-Spuk.“ W. VIII, 251.

Wald- und Gartenstille waren wohl die mächtigsten Landschaftseindrücke, die der Knabe Storm erlebte.[1]

Etwas später, als Schüler der obern Klassen der Husumer Gelehrtenschule, mochte der Jüngling Storm empfänglich geworden sein für die weite Einsamkeit der Heide, für ihren träumerischen Duft und ihr fast lautloses Leben zur Zeit der Hochsommermittage. Wie wundervoll ist das Brüten über der sommermüden Heide geschildert im „Grünen Blatt“! „Bis zur sinnlichen Mitempfindung des Lesers wiedergegeben“, schrieb Mörike an Storm im April 1854.[2] Auch in der Novelle „Auf der Universität“ führt uns Storm mit seinem Helden in die Heide. So wie dieser mag er als Heranwüchsling mit ganzer Seele den heimlichen Heidezauber und jenes schummerige Gefühl des süssen Traumwachens ausgekostet haben.

In dieser Zeit, da die Seele des jungen Storm sich den Eindrücken der endlosen Weite und Einsamkeit auftat, lernte er auch die trostlose, ja unheimliche Ödnis des Moores kennen mit den im Herbste schleichenden Nebelzügen und Irrlichtern, mit den schwarzen Wassertümpeln und den dunkeln Torfmassen. Ihren künstlerischen Niederschlag fanden diese Eindrücke besonders in jener schaudererregenden Moorschilderung in „Renate“.[3]

Marsch und Meer finden erst später vollgültig Aufnahme und Ausdruck in Storms Dichtungen. Und doch liegt seine Vaterstadt „am grauen Strand, am grauen Meer“, wo „die Wandergans mit

---

[1] An Friedr. Eggers schreibt Storm noch aus Heiligenstadt, am 8. Juli 1857 (S. 51): „Was mir jetzt hier vor allem fehlt, ist ein Garten hinterm Hause; ich kann sagen, ich lebe nicht, weil ich den nicht habe. Ich war in meiner Heimat als Knabe und später bis zur Auswanderung gewohnt, den Sommer über ganz im Garten zu leben, jeden lieben Gedanken dort auszuspinnen, für jede Schwierigkeit der Arbeit mir dort die Lösung zu suchen; das Drückende eines Sommertages habe ich dort niemals empfunden. Die grünen Schatten waren immer bereit, mich aufzunehmen.“

[2] Dtsch. Rdsch. Bd. 58.

[3] Vgl. dazu die stimmungsvolle Moorschilderung in Klaus Groths Gedicht „Dat Moor“.

hartem Schrei“ vorbeifliegt und am Strande das Gras weht. Oft muss der Dichter da der Abenddämmerung zugeschaut haben, wenn über die feuchten Watten der Abendschein spiegelte, der Nebel auf das Meer drückte und der geheimnisvolle Ton des gärenden Schlammes vom Winde aufgenommem und weitergetragen wurde. Besonders in den Gedichten „Die Stadt“ [1] und „Meeresstrand“ [2] hat er das Bild des Strandes mit den unheimlichen Watten und dem Schweben und Schreien der See- und Strandvögel verewigt. — Als Storm, etwa 18 Jahre alt, nach dem Willen seines Vaters auf das Gymnasium zu Lübeck verzog, fand er dort in Ferdinand Röse, dem Freunde des eben zur Universität abgegangenen Emanuel Geibel, einen lieben Vertrauten. Mit ihm und Geibel, der in den Ferien in Lübeck verweilte, machte er dann „Ausflüge in die abwechslungsreiche Umgegend von Lübeck“ (P. Schütze), auf die Dörfer und ans Meer. [3]

Während der drei Semester, die Storm an der Berliner Universität verlebte (Ostern 1838—Michaelis 1839), begab er sich mit fünf studierenden Landsleuten zu vierwöchigem Aufenthalt nach Dresden, wo ihnen „nachmittags die liebliche Schönheit der landschaftlichen Umgebung . . . reiche, unvergessliche Genüsse“ bot. L. Pietsch [4] erzählt aus jener Zeit ein kleines Erlebnis Storms, das „den Keim in seine Seele warf, aus welchem später eine seiner duftigsten, poetischen Blüten erwachsen sollte. Es ist eine Landpartie mit einer Gesellschaft, in der auch die Frauen und jungen Mädchen nicht fehlten, von Berlin aus nach einer Havelinsel, wo sie übernachteten (ich schliesse auf Pichelsberg oder Schildhorn). Da fuhr er im Mondscheine allein im Kahne in den seebreiten

---

[1] W. VIII., 194.

[2] Ebenda.

[3] F. Krüger konstatiert in seinem Aufsatz: „Th. Storm in Lübeck“ (Ztschr. d. Vereins f. lübeckische Gesch., XIII (1911), 359—83), dass diese Stadt trotz seines 1½ jährigen Hierseins auf Storm nicht so nachhaltigen Eindruck machte, als dass sie in irgend einer seiner Novellen eine bedeutende Rolle spiele.

[4] W. M., Oktober 1868, S. 103.

Fluss hinein und badete dort in dem unheimlich bedrohlichen Gewirre der Wasserpflanzen, auf deren breiten Blättern schwimmend ihm dort wohl auch verlockend und unerreichbar in jener Nacht zuerst die ‚weisse Wasserlilie‘ von Immensee erschienen ist“.

Aus den letzten Universitätsjahren Storms in Kiel berichtet wiederum Pietsch: „Zu den mannigfachen Eindrücken . . ., welche später in einer seiner vollendetsten Dichtungen, der Novelle „Auf der Universität“, wieder ihren poetischen Nachhall gefunden haben, gehört auch der, welchen jenes alte unter den Buchen des Düsterbrooker Gehölzes verborgene, nun bereits verschwundene Wirtshaus auf ihn machte, wo er die tragische Schlusskatastrophe einer Erzählung sich entwickeln lässt.“ [1]

Im bisherigen wären die landschaftlichen Eindrücke, die für Storms Novellen Bedeutung haben, im grossen und ganzen aufgezählt. Hauptsächlich mit den Bildern seiner heimatlichen Landschaft: der braunen Heide, der grünen Marschen, der Westermühlener Gärten und Wälder, des flutenden Meeres, — hauptsächlich mit diesen Bildern tränkte sich seine Seele in der Jugend so ausschliesslich, dass sie in seinem späteren Leben sozusagen keine neuen landschaftlichen Eindrücke mehr in sich aufzunehmen imstande war.

Als Storm 1853, nachdem die Erhebung seines Heimatlandes gegen die dänischen Bedrücker von diesen überwunden war und Storm als überzeugter Dänengegner und Alldeutscher, seiner Advokatur verlustig, nach Potsdam übersiedeln musste, konnte er sich in dieser doch so herrlichen, abwechslungsvollen Landschaft keinen Augenblick heimisch fühlen. [2] Bis zum Überdruss seiner neuen Freunde, vor allem Th. Fontanes, [3] den seine „Husumerei“

[1] W. M., Okt. 1868, S. 103/04.

[2] Vgl. „Briefe in die Heimat“, S. 51: „...die eigentlichen Adern meines Lebens sind mir hier doch unterbunden.“

[3] Th. Fontane: „Der Tunnel über der Spree“, Th. Storm. Dtsch. Rundschau, LXXXVII (1896), 214—29.

endlich ärgerte, sehnte er sich aus dieser „ganzen zwecklosen und gemachten Herrlichkeit“ nach seiner Heimat zurück und nach „einem ehrlichen Kartoffelfelde, das mit Menschenleben und -Geschick in unmittelbarem Zusammenhange stände“.

Wir haben weiter oben bemerkt, dass Marsch und Meer erst verhältnismässig spät tieferen und selbständigen Ausdruck in Storms Dichtungen finden. Eigentlich erst in Potsdam und dann in Heiligenstadt, wo er eben die Marsch, die ihm „jetzt in der Ferne als die reizendste Gegend der Welt erscheint“ [1], und das Meer nicht sehen und hören konnte, erwacht in ihm mit der Sehnsucht nach der Heimat auch das Bild des anrauschenden oder in der Ebbezeit müde ruhenden Meeres, und erst jetzt in der Erinnerung geniesst er bewusst seinen mächtigen Anblick, sein wechselvolles und stimmenreiches Wesen. Am 7. Oktober 1855 schreibt der Dichter an Mörike: [2] . . . „Es kommt nämlich darauf an, das Geräusch des Windes von dem des Meeres zu trennen. Wie oft, wenn ich an stillen Herbstabenden aus meiner Hoftür und in meinen Garten trat, hörte ich in der Ferne das Kochen des Meeres. Wie liebte ich das!, schon damals, und wie erst jetzt! . . .“ Diese Sehnsucht nach dem vertrauten Meer scheint mir auch in jenen Worten desselben Briefes zu zittern, wo Storm schreibt, dass er an die poetische Übersetzung der über Mörikes Sopha hängenden Landschaft [3] mitunter gedacht habe. „Mit dem Vordergrunde käm' ich in meiner Weise vielleicht zurecht, aber hinten! Ich weiss nicht, wie sich das Mondlicht mit den Bergen verträgt. Ja, wenn's das Meer wäre! z. B.“ Meeresschilderungen finden wir nun, wie bereits erwähnt, erst in den späteren Novellen, z. B. in „Psyche“, „Eine Halligfahrt“, „Hans und Heinz Kirch“ usw. Die grossartige Symphonie des Meeres jedoch, mit ihren weichen, duftigen Klängen und ihren

---

[1] „Briefe in die Heimat“, S. 121.

[2] Dtsch. Rundschau. Bd. 58, 1889.

[3] „Meine Erinnerungen an Ed. Mörike“, W. VIII, 180.

orgelbrausenden Passagen hat der greise Storm aus genialer ungebrochener Kraft in seiner letzten Dichtung, dem „Schimmelreiter“, ertönen lassen.

Bezeichnend für Storm ist jenes Bekenntnis, dass er nicht weiss, „wie sich das Mondlicht mit den Bergen verträgt“. Bezeichnend deshalb, weil er in keiner seiner Novellen eine Gebirgslandschaft geschildert hat. Wohl kommt im Märchen „Die Regentrude“ eine Felsengrotte vor, es ist dies aber eine ganz irreale Felslandschaft und doch nur mehr ein interessanter Ausnahmefall und findet sich, wie gesagt, in keiner andern Dichtung Storms. Es liegt auch ganz in seinem Wesen und seinem äusseren Lebensgang begründet. „Tiefes Selbsterleben ist das Wesentlichste“ sagt er einmal, und wirklich könnte man in seiner ganzen Produktion kein Landschaftsbild entdecken, das er nicht zum mindesten in der Phantasie erlebt hätte.

Dass auch die Landschaft von Heiligenstadt im Eichsfelde, wohin Storm 1856 als Kreisrichter berufen wurde, mit ihren „abwechselnd düstern und anmutigen Waldbergen“ auf Storm keinen nachhaltigen Einfluss ausübte — nur in „Veronika“ erfährt sie poetischen Niederschlag — spricht wiederum für die Behauptung, dass des Dichters Seele für andere als heimatliche Landschaftseindrücke so gut wie unempfänglich war. Auch das gebirgige Rheintal, das er nach seinem Besuche bei Mörike durchreiste, scheint ihm in bezug auf die Berge fremd geblieben zu sein. In seinem Briefe vom 27. August 1855 an Mörike schreibt er wohl: ... „Aber am andern Morgen sah ich den alten Strom [Rhein bei Bingen] in solchem grünen Dufte, dass mir mit einem Mal seine ganze Poesie lebendig wurde, — ich hörte Lurleilieder; Brentanos Märchen fuhren singend den Strom hernieder“ ... — aber von den Bergen, die sich in jener Gegend so stolz mit alten Burgen und Ruinen erheben, weiss er keine Silbe zu sprechen. Am 24. März 1857 schreibt Storm aus Heiligenstadt an Brinkmann: „Wir haben die schöne Gegend unmittelbar vor der Türe und überall in der

Nähe die romantischen Schluchten-Einsamkeiten nach Eichendorff wirklich zum Teil von wundersamer Stille und Poesie."[1] Doch in seinen dieser Zeit folgenden Werken finden wir davon keine Spuren. Ob ihm die Felsen zu starr, zu unbeseelbar waren?

Unsere bisherigen Betrachtungen kurz zusammenfassend, müssen wir Bekanntes sagen: Storm ist ein Heimatkünstler. Die geographische Beschaffenheit der weitaus meisten Landschaftsbilder seiner Novellen ergibt sich ohne weiteres aus derjenigen seiner schleswig-holsteinischen Garten-, Wald- und Heide-, Moor- und Meerlandschaft.

II. Darstellung der Landschaft.

a) Einleitung.

In seiner feinfühligen Broschüre „Th. Storm und der moderne Realismus" sagt A. Biese:[2] „Kalt und tot bliebe die Natur für den Dichter, wenn er sie nicht mit seinem Leben durchströmte, wenn er nicht die Harmonie aufspürte, welche zwischen den Naturformen und der Menschenseele besteht, wenn er die Natur nicht beseelte und in ihren Erscheinungen Symbole für seine eigenen Regungen fände; dann erst beginnt sie zu atmen, zu erwarmen" ...

Dass Storms Novellistik, besonders die seiner ersten Schaffensperiode, zumeist aus seiner Lyrik hervorgesprosst ist, ist bekannt. Dieser enge Zusammenhang zwischen Lyrik und Novellen erklärt auch den auffallend breiten Raum, den die Landschaft in den Novellen der Frühzeit einnimmt; auch sie sind im Grund Lyrik, Prosalyrik. „Ein Gang durch die Mondnacht, eine Mittagsstunde in dem Garten seiner Eltern", das war oftmals der Inhalt der

[1] G. Storm: Th. Storms Leben, II., 55.

[2] A. Biese: „Th. Storm und der moderne Realismus" (Berlin 1888), Lit. Volkshefte IX, 34.

„unbedeutenden Geschichtchen", die Gabriel im „Grünen Blatt" in sein Tagebuch schrieb, und man wird nicht fehlgehen, wenn man diesen Gabriel mit Storm identifiziert, der, wie wir schon früher sahen, keine Landschaft zeichnete, von der sich seine Seele nicht vollgesogen hätte, keine Landschaft, die nicht in gewissem Sinne ein Abbild seines Seelenzustandes gewesen wäre.

Wir können die innere Entwicklung Storms auch in der Wahl und Darstellungsweise seiner Landschaftsmotive verfolgen, wenn wir ihre lange Reihe von „Immensee" oder „Ein grünes Blatt" bis zum „Fest auf Haderslevhuus" oder dem „Schimmelreiter" durchgehen.

Der junge Storm, ein weicher Träumer, der von Kindheit an gewohnt war, sich seine eigene heimliche Welt aufzubauen, in die kein Schrei des Schmerzes hineinzuschrillen vermochte, der aller Herbheit des Lebens aus dem Wege gehen konnte, — der junge Storm hat auch Landschaften geschildert, die den Charakter weicher Verträumtheit, duftiger Heimlichkeit tragen. Die sanften, oft fast verschwommenen Linien, den dämmerigen Hauch süsser, unbestimmter Sehnsucht zerreist kein Missklang des realen Lebens. Mit der Freude am Einzelnen, am Kleinen, wie sie die alten holländischen Meister in ihren naturtreuen Gemälden bekunden, schildert Storm liebevoll, auch das feinste Stimmchen nicht überhörend, den Wald in „Immensee", die Heide im „Grünen Blatt" oder den Garten in der Novelle „Auf dem Staatshof". Wir werden später noch darauf zurückkommen müssen.

Der ältere Storm wird immer mehr zum Tragiker. Der Krieg Schleswig-Holsteins gegen die Dänen, Storms schwere Verbannungsjahre,[1] besonders aber der Tod seiner über alles geliebten Gattin Konstanze (1865) hatten ihn mit jäher Gewalt aus seiner Traumwelt in das für ihn rauhe Stoppelfeld des realen Lebens gerissen. Seine Motive sind nicht mehr rein lyrischer Art, — es

[1] Vgl. „Storms Briefe in die Heimat", 1853—64.

sind Probleme. Die zweite grosse Schaffensperiode beginnt: die des schärferen Realismns.

In diesen nun viel dramatischeren Novellen erhält auch die Landschaft eine bedeutendere Rolle, obschon, oder vielleicht besser: weshalb ihre Darstellung im allgemeinen gedrungener und mit breiteren Strichen gemalt wird. Sie ist nun viel weniger um ihrer selbst oder um der Stimmung willen da, sondern vielmehr um der Handlung willen, mit der sie bedeutend inniger verwoben wird. Im „Schimmelreiter" führt sie sogar ein ganz eigenes, die Handlung bestimmendes Leben; sie tritt da ganz gleichsam als Person auf. — Früher schilderte Storm nie eine Landschaft z. B. im rasenden Sturme — jetzt scheut er auch davor nicht zurück; er weicht den Konflikten des Lebens nicht mehr kraft- und kampflos aus.

Einen interessanten, lehrreichen Vergleich bieten etwa folgende zwei Landschaftsschilderungen aus „Immensee" und dem „Schimmelreiter"; für das Psychische der Handlung bedeuten sie ungefähr dasselbe: der Held steht vor der endgültigen Entscheidung.

Die zu vergleichende Stelle in „Immensee" [1] lautet: „Draussen aber legte sich der Abend mehr und mehr über Garten und See, die Nachtschmetterlinge schossen surrend an den offenen Türen vorüber, durch welche der Duft der Blumen und Gesträuche immer stärker hereindrang; vom Wasser herauf kam das Geschrei der Frösche, unter den Fenstern schlug eine Nachtigall, tiefer im Garten eine andere; der Mond sah über die Bäume. Reinhard.... ging durchs Haus an das Wasser hinab. — Die Wälder standen schweigend und warfen ihr Dunkel weit auf den See hinaus, während die Mitte desselben in schwüler Mondesdämmerung lag. Mitunter schauerte ein leises Säuseln durch die Bäume; aber es war kein Wind, es war nur das Atmen der Sommernacht". — Schwüle, dämmerige Unbestimmtheit der Naturstimmung symbolisiert hier

---

[1] W. I, 31—32.

das Resignierende des Helden Reinhard. Ein anderes, wütendes Kämpfen Hauke Haiens gegen das ebenfalls feindliche Geschick zeigt die Natur im „Schimmelreiter“ [1]: „Eine furchtbare Böe kam brüllend vom Meer herüber, und ihr entgegen stürmten Ross und Reiter den schmalen Akt zum Deich hinan .... Aber wo war das Meer? Wo Jeverssand? Wo blieb das Ufer drüben? — — Nur Berge von Wasser sah er [Hauke Haien] vor sich, die dräuend gegen den nächtlichen Himmel stiegen, die in der furchtbaren Dämmerung sich übereinander zu türmen suchten und übereinander gegen das feste Land schlugen. Mit weissen Kronen kamen sie daher, heulend, als sei in ihnen der Schrei alles furchtbaren Raubgetiers der Wildnis. Der Schimmel schlug mit den Vorderhufen und schnob mit seinen Nüstern in den Lärm hinaus ....“

Ein Zeitraum von 36 Jahren liegt zwischen der Abfassung der beiden Werke. Die beiden ihnen entnommenen Naturschilderungen beweisen meiner Meinung nach deutlich, dass „jener Entwicklungsfortschritt“ Storms, „der von der romantischen Anschauungs- und Darstellungsweise, von weichen, verschwommenen Umrissen zu der plastischen Gestaltung, zu den fest- und kräftig umrissenen Figuren seiner Meisternovellen hinführte“ [2], auch in bezug auf die Landschaftszeichnungen erkennbar ist.

b) Allgemeiner Charakter.

Im allgemeinen Charakter seiner Landschaften findet die besondere Eigenart eines Dichters ihren sprechendsten Ausdruck. Diejenigen Züge, die sie alle oder doch die Mehrzahl von ihnen gemeinsam aufweisen, lassen am leichtesten auf die individuelle Wesensart der Dichterseele schliessen; sie sind der bewusste oder unwillkürliche Ausfluss seiner Anschauungen oder Forderungen von der Poesie im besonderen oder von der Kunst überhaupt. Da wir

---

[1] W. VII., 272.

[2] A. Biese, a. a. O., S. 12.

nun wissen, welch nahe Verwandtschaft zwischen Storms Lyrik und seinen Novellen besteht, so können wir die Hauptsätze seiner Theorie der Lyrik ohne Bedenken auch auf die Landschaftsdarstellungen seiner Prosawerke übertragen. Denn diese „sind empfunden wie Gedichte, in künstlerischer Form gehalten wie solche, und wirken auch gleich Gedichten.“ (Wilhelm Jensen [Schütze, a. a. O., S. 298].)

Was nun Storm von der Poesie, von der Lyrik namentlich, verlangt, hat er in folgenden Worten niedergelegt: „Wie ich in der Musik *hören* und *empfinden*, in den bildenden Künsten *schauen* und *empfinden* will, so will ich in der Poesie, wo möglich, *alles Drei zugleich*. Von einem Kunstwerk will ich, wie vom Leben *unmittelbar* .... berührt werden; am vollendetsten erscheint mir daher das Gedicht, dessen Wirkung zunächst eine sinnliche ist, aus der sich dann die geistige von selbst ergibt, wie aus der Blüte die Frucht“.[1] Und weiter besteht für ihn „die eigentlichste Aufgabe des lyrischen Dichters“ darin, „eine Seelenstimmung derart im Gedichte festzuhalten, dass sie durch dasselbe bei dem empfänglichen Leser reproduziert wird“.[2]

Es ist ihm also nicht so sehr darum zu tun, die Natur zu schildern, zu kopieren, vielmehr will er den Leser sie fühlen lassen; unmittelbar soll sie auf seine Sinne einwirken. Und Storm ist wirklich in hohem Masse imstande durch seine Naturschilderungen auch den Leser mit jener gesättigten Stimmung zu erfüllen, die die Natur in ihm selbst beim Betrachten erwachen liess. Seine Landschaften sind nicht mit pedantischen, „Adalbert Stifterschen Malermitteln“ dargestellt, die Gottfried Keller unhaltbar nannte. Er gibt im allgemeinen nur die Züge des Naturbildes wieder, die wesentlich sind und eben unmittelbar berühren, von denen er weiss oder ahnt, dass aus ihnen das feine Zittern seiner Seele sich auf

---

[1] Th. Storms „Hausbuch“, Vorwort, S. IX.

[2] P. Schütze: Storm-Biographie, Berlin 1911, S. 294.

den Leser überträgt, so wie der bebende Ton einer Glocke eine andere, gleichgestimmte zum leisen Mitschwingen und Mitklingen bewegen kann.

Storm will in der Poesie also hören, schauen und empfinden, „alles Drei zugleich“. Und diesen hohen Anforderungen hat er selbst in vollem Umfange Genüge getan. Ja, er befriedigt in den meisten seiner Naturschilderungen auch noch einen vierten Sinn, den Geruchsinn. „Feinfühlig zeigt sich der Dichter für jede Regung der Natur, für das Säuseln der Gräser, für den heimlichen Zauber der Mondnacht, wie für das rauschende Meer.“ [1]

Im folgenden möchte ich versuchen, diejenigen Züge seiner Landschaftsdarstellungen zusammenzustellen, welche ihnen allen gemein sind, denen der Frühzeit sowohl als auch denen des Alters.

Da wäre vor allem die *Stimmung* zu nennen, womit Storm jeden einzelnen Pinselstrich getränkt hat. Sie ist etwas Unfassbares, ist jenes „Tirili“, der schmackhafte Herzschlag, mit dem auch die Lerche ihr Lied herausjubelt und die Nachtigall es herausklagt“ [2], ohne den Storm keine Lyrik anerkennt, wie er selbst in seinem Briefe vom 3. Januar 1882 an Gottfried Keller schreibt. Diese leise zitternde Stimmung entsteht bei ihm wohl dadurch, dass er, wie schon weiter oben erwähnt, nur die wesentlichsten Züge der Landschaft gibt, dass er also diese nicht von allen, sondern nur von einer bestimmten Seite, meist vom Standpunkt der Menschen aus, die er in diese Landschaft führt, beleuchtet. Dabei spielt der Umstand noch eine grosse Rolle, dass Storm „nie die letzte Schwingung, den letzten noch hörbaren Ton anschaulich machen und erklingen lässt, wie dies die Hebbel und Ludwig wollen, die Frevler des Intimen.“ [3] Die Kunst soll das Vorletzte darstellen, nicht das Letzte. Andeutungen sind in viel

---

[1] A. Biese, a. a. O., S. 37.

[2] Köster: Briefw. zwischen Storm und Keller, 3. Aufl. (Berlin 1909), S. 135.

[3] E. Kuh an Storm, 12. März 1874.

stärkerem Masse dazu geeignet, unsere Seele in zitternde Schwingung zu bringen, als nackte, schroffe Tatsachen, wie wir sie bei den Naturalisten finden. Noch ein wichtiges Moment für die Stimmungsfülle einer Landschaftsschilderung ist deren Stelle im Rythmus der Dichtung, und was Gottfried Keller vom Epiker vor allem verlangt: „dass wir alles Sinnliche, Sicht- und Greifbare in vollkommen gesättigter Empfindung mitgeniessen, ohne zwischen der registrierten Schilderung und der Geschichte hin- und hergeschoben zu werden, d. h. dass die Erscheinung und das Geschehene ineinander aufgehen", wofür ihm Gotthelf ein Beispiel bester Güte abgibt, — diese Forderung erfüllt Storm in allen Teilen. Seine Landschaftsdarstellungen sind nirgends zufällig eingestreut; sie haben ihre ganz bestimmte Stellung, ihren ihnen durch die feinste Kunstberechnung des Meisters angewiesenen bedeutungsvollen Platz. Ohne diese feinfühlige Berechnung in die Erzählung irgendwo eingeschoben, würden sie sicher nur die halbe oder gar keine Stimmung im Leser erwecken. Erst die innere Verwandtschaft zwischen den Episoden der Handlung und den sie wie ein Akkord begleitenden Naturerscheinungen vermag jene Stimmung zu erzeugen. Auf diese Weise stören sie den Genuss des Lesers nicht, im Gegenteil: sie müssen da sein, um die Empfindung und den Genuss zu erhöhen. Das geflügelte Wort: „Un paysage est un état d'âme" könnte man als Motto über jede Landschaftsschilderung Storms setzen. —

Ähnlich wie Eichendorff, nur in noch viel innigerer Weise, will Storm in der Poesie hören. Und eine auffallende Eigenschaft seiner Naturschilderungen ist der Ausdruck seines feinen Gehöres für die lieblichen, zartesten Stimmen der Natur. Die Landschaft im „Grünen Blatt", welches Mörike ein „Gemälde" nennt, vermittelt uns nicht nur Farben und Formen, sondern ebensosehr auch die tausend feinen, sich ineinander verwebenden Klänge. Nur eine Stelle sei hier angeführt:[1] „Er hörte nichts als das Rauschen

[1] W. I., 109.

ihrer [Reginens] Füsse in dem überjährigen Laube und das Arbeiten der Käfer in den Baumrinden; kein Luftzug, nur das feine elektrische Knistern in den Blättern rührte sich kaum hörbar." Oder das Gedicht „Auf dem Segeberg" [1], das folgende Strophe enthält:

„Musik! Musik! Die Lerchen singen,
Aus Wies' und Wäldern steigt Gesang,
Die Mücken in den Lüften schwingen
Den süssen Sommerharfenklang."

Ihm „klingt im Wind ein Wiegenlied" [2], er hört „des gärenden Schlammes geheimnisvollen Ton" [3], und dasselbe Gedicht „Meeresstrand", schliesst mit der Strophe:

„Noch einmal schauert leise
Und schweiget dann der Wind, —
Vernehmlich werden die Stimmen,
Die über der Tiefe sind."

Sein überaus feines musikalisches Gehör reagierte auf das allergeheimste Klangzittern in der Natur. Und gerade durch die Wiedergabe solcher intimster Naturstimmen [4] erzielt Storm einen grossen Teil des Stimmungszaubers, der über den Landschaftsdarstellungen besonders der Frühzeit, von denen manche ja fast um ihrer selbst willen da sind, dämmert. Wir werden davon noch etwas eingehender zu sprechen haben.

Auch das *Auge* kommt in Storms Landschaften zu seinem Rechte, und zwar scheint der Dichter mehr Sinn für die Farben als für die Formen nnd Linien der Landschaft zu haben. Dennoch treten die Farben bei ihm keineswegs in der fast überreichen Fülle auf wie etwa bei Jean Paul, dessen Landschaften freilich meistens

[1] W. VIII., 248.
[2] W. VIII., 231.
[3] „Meeresstrand, W. VIII, 195.
[4] Man vergleiche hinsichtlich der Naturklänge etwa noch folgende Stellen: I., 90/91, 110, 225, 287; II., 114, 201, 213; III., 76, 248; IV., 135; V., 126; VI., 317; VII., 92, 155; VIII., 146, 194 etc. etc.

reine Phantasiegemälde sind.[1] Storm gibt auch in dieser Beziehung nur das Wesentliche; in sehr vielen seiner Naturschilderungen fehlen die direkt genannten Farben überhaupt, ohne dass jene deshalb etwa farblos würden; denn sie sind dann oft in solchen Begriffen ausgedrückt, wie etwa Buchenwald, Kornfeld, Abendsonne usw., die in uns unwillkürlich doch eine Farbenvorstellung wachrufen. Einige sprechende Beispiele von farbigen Landschaften sind etwa folgende: „Der rötliche Anwurf der Mauern war mit grünem Moos bewachsen, ... braunes Schwammgewächs, ... dunkelgrüne Bank, See ... im Sonnenschein, ... dunkle Schmetterlinge“ (W., II., 138). „Eine gleichmässig grüne Fläche; das Abendrot am Himmel, Stauden mit blauen und weissen Blüten, roter Gartenmohn, Kartoffelstauden mit lichtgrünen Äpfeln in dunklen Blättern, leuchtend rote Blumen“ (VII., 29/30). „Brauner Abendhimmel“, „bräunliche Tinten des Abends“ (I., 79, 147), „rotblühende Himbeersträucher“ (I., 84), „blauer Flieder“ (I., 212), „stahlblauer Tropenhimmel“ (I., 272), „aus weissen Nebeln stieg ein goldener Herbsttag“ (VII., 245), „gelbgraue Wellen“ (VII., 148), „bläulicher Duft der Mondscheinbeleuchtung“ (I., 261), „untergehende Sonne vergoldet das braune Haidekraut“ (VII., 123) usw. Kaum weniger häufig finden wir jene Begriffe, die Farbenempfindungen erwecken. „Blänkernde“ oder „blinkende Wassertümpel“ (V., 35), „waldbekränzte Ufer“ (VIII., 25), „hinter den gewaltigen Schatten des Waldes das letzte Tageleuchten“ (V., 35), „ein bemooster Granitblock“ (VII., 90),

---

[1] Vgl. dagegen den Reichtum realer Farben bei J. P. Jacobsen, der hinsichtlich der Farbenfreude mit Storm verwandt ist. „Die Bäume des Gartens verbargen das Gold und die Glut des Sonnenunterganges; nur an einer einzigen Stelle öffnete sich ein brandroter Fleck zwischen den Stämmen und liess eine Sonne von tiefgoldigen, sprühenden Strahlen grüne Farben und bronzebraunen Widerschein auf der dunkeln Laubmasse erwecken. Oben über die unruhigen Baumwipfel jagten die Wolken düster über den rauchroten Himmel und verloren... kleine Wolkenfetzen..., welche der Sonnenglanz dann mit weinroter Glut sättigte.“

„Niels Lyhne“, Cap. 8 (S. 113), hsgb. v. Evers.

„schillernde Libellen" (II., 240), „trüber Mondduft" (VII., 215), „heller Sternenschimmer" (VII., 80), „glitzernde Schlickflächen" (VII., 216) usw. Solche die Farben nur andeutende Begriffe sind dazu angetan, die Phantasie des Lesers in Vibration zu bringen und beleben das Landschaftsbild (glitzernd, schillernd, blänkernd, blitzend usw.). Wir schauen alle seine Landschaften; denn seine nur angedeuteten, sozusagen umschriebenen Farbentöne lässt er uns gerade durch ihr Nur-Angedeutetsein empfinden. Auch sie sind ein Stimmungsfaktor.

Die Farbentönungen einer Landschaft sind abhängig von der *Beleuchtung* derselben. [1] Das Licht belebt die Natur, und wir sehen, dass Storm in keinem seiner Landschaftsbilder auf die Erwähnung besonderer Lichteffekte verzichtet. Selten malt er die Beleuchtung in vollständiger Ruhe; sie ist immer auf irgend eine Art in Bewegung und beseelt, wie gesagt, dadurch die Landschaft wirkungsvoll. Wir finden da die mannigfaltigsten Arten von Lichtbewegtheit. „Die Sonne funkelte" (IV., 135), „drüben zuckte dann und wann ein Wetterschein empor" (Abend) (IV., 136), „Die Wellen wurden flüchtig vom Sonnenstrahl durchleuchtet" (IV., 217), „Die blitzende Himmelsglocke" (I., 227), „Die herbe Frühlingssonne flimmerte" (II., 113), „Die Sonnenstrahlen brachen sich zwischen den Blättern und blendeten ihn" (I. 317), „Das Mondlicht spielte auf ihrem weissen Gewande" (I. 264), „Über ihm flammte der Himmel in seinen Millionen Sternen" (VI., 324), „Die Sonne streute Funken auf die feuchten Wipfel" (VII., 134) usf. — Besonders wirkungsvoll und belebend wird das Licht dann, wenn es von Wasser oder ähnlichem reflektiert wird. [2] In diesem Zusammenhang erweckt es zugleich auch eine leise Farbenempfindung, wie wir sahen. Storm liebt besonders die Reflexion des Lichtes. „Die

---

[1] Vgl. Goethes Schilderung des Rheinfalls bei Schaffhausen, 18. September 1797 („Reise in die Schweiz").

[2] Auch hierin ist Storm mit den Romantikern verwandt. Vgl. etwa Eichendorff.

Brücke des Mondspiegels streckte sich zitternd über das Wasser" (I., 111), „Der Sonnenschein lag schimmernd auf den Blättern" (I., 146), „Das Gras blitzte im Sonnenscheine" (II., 201), „Der Mond ... warf gelblich blinkende Lichter auf den .... blossgelegten Schlamm" (IV., 26), „Hie und da blänkerte noch ein Wassertümpel" (V., 35), „Mondglitzernde Wasserfläche" (VI., 16), „Das Mondlicht glitzerte auf den Blättern der Hülsen und den Nadeln des Taxus" (VI., 289), „Der Mond blitzte auf einem Silberreif" (VI., 306), sie sahen „den Spiegel [Wasser] in der rötlichen Abendsonne blinkern" (VII., 50), „Das weiss bereifte Schilf ..... glitzerte blendend in den schräg fallenden Sonnenstrahlen" (II., 104), „ein Blitz des Meeresspiegels" [Morgensonne] (II., 137) usf. — Es ist für die Wirkung der Stormschen Landschaftsbilder sehr wichtig, dass er solche feine, bebende und belebende Lichteffekte zeichnet. Unwillkürlich erregen sie durch ihre Bewegtheit ein leises Zittern im Leser, das sehr viel zu der gesättigten, sinnlichen Stimmung beiträgt, welche die Novellen Storms auslösen. Grelles Licht und schreiende Farben vermeidet Storm gerne; er bevorzugt im allgemeinen die Dämmerungs- und die Nachtlandschaften, in denen naturgemäss die Fluten der Dunkelheit alle hellen Farben dämpfen, verschlingen. Es mag auch im Wesen der Erinnerungspoesie, wie Storm sie ja meistens übt, begründet liegen, dass der Duft der Entfernung, der all seinen Landschaften etwas Pastellartiges verleiht, unwillkürlich die scharfe Beleuchtung und mit ihr alle grellen, hervorstechenden Farben mildert. Dadurch wird jenes geheimnisvolle Etwas entstehen, das uns so bezaubert.

Auffallend in allen Landschaftschilderungen Storms, in denen der Frühzeit sowohl wie auch in den spätern, ist das Erwähnen des *Geruches.* Das Riechen spielt bei Storm eine grosse Rolle. In seinem Briefe vom 15. Mai 1881 schreibt er an Gottfried Keller „Empfehlen Sie mich Ihrer treuen Schwester und trösten Sie sie, nach dem ‚socios habuisse malorum', mit mir, der ich — ich denke, durch das Engerwerden der Nase — seit fast zwei Jahren keine

Blume, keinen Frühling, keinen Herbst mehr riechen kann." [1] Sein Geruchsinn muss ausserordentlich sensibel gewesen sein. Hören wir einige Beispiele: „Ein süsser [Weihnachts-] Duft schlug ihm entgegen (I., 15), „Die Wohlgerüche der Blumen verbreiteten sich" (I., 50), „Der herbstkräftige Duft des fallenden Laubes erfüllte die Luft" (I., 297), „Zuweilen regte sich die Luft und trieb eine Wolke von Duft um mich her" (II., 114), „gelbe und braunviolette Iris .... verhauchten ihren zarten Duft" (II., 240), „Die Nelken auf dem Fensterbrett dufteten so süss" (III., 5), „Ein schwüler Duft von Blumen hauchte durch das Fenster" (III., 248), „in der lauen Sommerluft war nur der schwimmende Duft der Kräuter" (IV., 108), „Der Würzeduft von Nelken und Jasminen erfüllete ihn [den Garten] ganz" (VI., 162), „Von Düften schwamm es in der Luft" (VI., 289), „nun wehten am Waldesrande schon die Primeldüfte" (VII., 140), „Herbstblätterduft und Tannenharzgeruch quoll mir entgegen ..." (VIII., 228) usf. Besonders auch in seiner Lyrik haben die Düfte grosse Bedeutung. Und wenn wir die Verse hören:

„O süsses Nichtstun, lieblich so gebannt zu atmen in den neubefreiten Düften" [2] ...., so begreifen wir Storm wohl, dass es ihm ein Schweres war, „keine Blume, keinen Frühling, keinen Herbst mehr riechen" zu können. Wie sein Gehör konnte auch sein Geruchsinn die feinsten Abstufungen unterscheiden: „Warum duften die Levkojen so viel schöner bei der Nacht?" (VIII., 202.)[3]

[1] A. Köster, a. a. O., S. 112.

[2] W. VIII, 213.

[3] Vgl. H. Heine: Reisebilder I.; W. (Elster) III., 38/39: „...Und aus meinem Herzen ergossen sich die Gefühle der Liebe, ergossen sich sehnsüchtig in die weite Nacht. Die Blumen im Garten unter meinem Fenster dufteten stärker. Düfte sind die Gefühle der Blumen, und wie das Menschenherz in der Nacht, wo es sich einsam und unbelauscht glaubt, stärker fühlt, so scheinen auch die Blumen sinnig verschämt erst die umhüllende Dunkelheit zu erwarten, um sich gänzlich ihren Gefühlen hinzugeben und sie auszuhauchen in süssen Düften." — Vlasimsky (Euphorion XVII, 666) vermutet hier Beeinflussung Storms durch Heine.

„Und süsser strömend quillt der Duft der Nacht
Und träumerischer aus dem Kelch der Pflanzen", (VIII., 203) usf.

Alle Stormschen Landschaftsbilder haben noch einen Zug gemeinsam: *die Bewegtheit.*[1] In keinem zeichnet er die Natur in absoluter Ruhe. Freilich lässt sich die Beobachtung machen, dass manch eine Landschaft in seinen früheren und frühesten Novellen sich dem Zustand völliger Regungslosigkeit nähert; denken wir z. B. nur an die Heide im „Grünen Blatt". Trotzdem ist auch in allen solchen Gemälden eine wenn noch so geringe Bewegtheit. Schmetterlinge flattern dahin oder der Sommerharfenton des Mücken- und Bienengesummes oder ein leiser Dufthauch streicht darüber hin; das Schilf säuselt oder eine Lerche steigt auf; ein Strom oder ein Wässerlein läuft durch die Stille; Möven schweben oder Wolken; die Sonne sinkt und das Dunkel dämmert; Düfte wehen oder eine Schlange gleitet; ein Blatt raschelt zur Erde nieder oder ein ferner Hirsch knickt ein Zweiglein; der Mond steigt empor usf. usf. Irgendein geheimes Leben tut sich immer kund, auch in der schwülsten, sommermüdesten Landschaft. Auch hierüber soll im nächsten Kapitel noch ein Wort gesprochen werden.

Die *romantischen* Elemente in Storms Naturschilderungen hat W. Dreesen im Kapitel „Naturgefühl" feinsinnig dargestellt: Storms Hingabe und bewusstes Geniessen der geheimnisvollen Garten-, Wald- und Heideeinsamkeit, der Sommermondnacht; seine Vorliebe für Naturstimmungen, die es dem Menschen ermöglichen, sich dem „stillen Gefühl des Erhabenen" hinzugeben; sein Glaubenssatz, dass zwischen Natur- und Menschenseele eine geheime Sympathie waltet.

Im allgemeinen hat Storm keine Landschaften al fresco gemalt. Daran mag wiederum die heimatliche Natur schuld sein, die keine Gebirge, keine sogenannte romantische oder heroische Landschaft aufweist, wie sie etwa Friedrich Preller schuf. Und doch: [illegible]en

[1] Vgl. darüber Scherers Poetik: Das Aktivum poetischer als das Passivum.

die Heide, das Moor und das Meer nicht auch grosse, weite Linien,[1] die mit breiten, zügigen Pinselstrichen zu malen wären? Solche lagen aber wiederum nicht in Storms lyrischem, träumerischem Charakter begründet. Seine Anlagen waren vielmehr auf das Kleine, Einzelne[2] gerichtet. Oder zwang ihn seine starke Kurzsichtigkeit zur Wahrnehmung bloss des Nahen, Kleinen? Fast all seinen Landschaften fehlt das Heroische, fehlen die breiten, weiten Züge. Nur in seinem letzten Werk, dem „Schimmelreiter", schuf er mit den Schilderungen der furchtbaren Springflut eine Landschaft, die etwas Gigantisches, Überragendes an sich hat.

Der allgemeine Charakter der Stormschen Landschaften zeigt uns also zur Genüge, dass Storm seinen hohen Anforderungen völlig gerecht wird: er will hören, schauen und empfinden; seine Landschaften berühren unmittelbar, ihre Wirkung ist „zunächst eine sinnliche . . . . , aus der sich dann die geistige von selbst ergibt, wie aus der Blüte die Frucht." Sie strömen das Leben, das er aus seiner Seele in sie träufelt, auf den empfänglichen Leser über und reproduzieren in dem Geniessenden ihren vollen Stimmungsgehalt: er empfindet sie, wie Storm selbst beim Schaffen sie empfunden hat.

c) Die früheren Novellen.

Nachdem wir festgestellt haben, welche Eigenschaften allen Landschaftsdarstellungen Storms gemein sind, wollen wir kurz noch untersuchen, welche Züge die frühern und die spätern voneinander unterscheiden. Es besteht ein Unterschied zwischen ihnen, und wir müssen seine Ursache wieder im Dichter selbst suchen.

---

[1] Vgl. etwa die gewaltige, durch wenige grosse Züge vermittelte Heidestimmung in Fr. Hebbels Ballade „Der Haideknabe".

[2] Ähnlich ist Mörikes Vorliebe für das Intime, Liebliche. Vgl. etwa „Im Weinberg" und „Waldplage". Im Gegensatz dazu steht Eichendorff, den das Grosse, Stille, Ferne anzieht.

Der Storm der Frühzeit ist ganz und gar Lyriker; er selbst sagt: „Meine Novellistik hat sich aus der Lyrik entwickelt und lieferte zuerst nur einzelne Stimmungsbilder ...., wo dem Verfasser der darzustellende Vorgang einen besondern Keim zu poetischer Darstellung zu enthalten schien“.[1] Der junge Storm war ein Träumer, ein elegischer, dämmeriger Charakter, der Schöpfer von Resignationsdichtungen. „Die den Dichter umgebende Landschaft, deren Eindruck sich so tief verwebt mit dem heranwachsenden Jüngling, — Heide, Moor und Meer — wies ihn in sein Selbst zurück, denn ihr Zauber erschliesst sich nur dem tiefen Gemüt, das ins Unendliche schweift; sie legt den Grund zum Sinnen und Träumen und melancholischen Grübeln“.[2] Wir haben bereits bemerkt, dass die Landschaften der Frühzeit gegenüber den späteren eine viel grössere Ruhe zeigen. Und oft scheint es die Landschaft zu sein, die den „Perpendikel-Anstoss“ zu einer Novelle gibt. Aus diesem Grunde ist ihr naturgemäss grösserer Raum und grössere Bedeutung zuerteilt als in den späteren Novellen, wo sie die Handlungsvorgänge nur begleitet, aber auch erhöht, wie etwa die Musik in einem Melodrama. So finden wir, dass sie in den Frühnovellen meist eingehender, mit allen Einzelheiten gezeichnet ist, wie ein holländisches Stilleben. Es werden oft fast ängstlich alle und alle Stimmen aufgeboten, um eine Symphonie zu bekommen; denken wir nur etwa an die Szene „Im Walde“ aus „Immensee“ oder wieder an die Heide und den Wald in der Novelle „Ein grünes Blatt“ u. a. m. Storm selbst schreibt in bezug auf letzteres an Fontane (Ostermontag 1853): „... es liegt nämlich über dem Ganzen eine gar einförmige Stille, die einen beim Vorlesen fast ungeduldig machen kann“. Durch das ängstliche Aufbieten aller Stimmen und Stimmchen, wie wir es in den Landschaften der Frühnovellen öfters wahrnehmen

---

[1] Schütze, S. 298.

[2] A. Biese: Th. Storm und der moderne Realismus, S. 23.

können, wird zwar die einheitliche Stimmung kaum beeinträchtigt, aber dieses Fastzuviel von Stimmen und Düften legt über das Ganze einen Schleier, der die Konturen zu trüben und verschwommen zu machen vermag. Vergegenwärtigen wir uns z. B. nur die Meerfahrt in „Eine Halligfahrt". Diese Naturmalereien, sind sie auch viel plastischer als die der Romantiker, so sind sie doch mit diesen ziemlich nahe verwandt in der Stimmung der brütenden Einsamkeit. Träumerei, bewusstes und unbewusstes Aufsuchen und Geniessen des Einsamkeitsgefühles, sie lockten aus Storm solche Landschaften heraus. „Und so passt vornehmlich zu dem Träumerischen der Resignationsnovelle die Stille, das sanfte Rinnen der Nacht; das leiseste Geräusch, welches das Schweigen unterbricht, wird von Storm geschildert, wie das elektrische Knistern des Laubes, das feine Getön der Insektenwelt, der Atem der Abendluft, der durch die Bäume weht, das stumme ruhelose Blitzen der Sterne usf. . . ."[1] Durch all diese vielen Einzelzüge, so fein beobachtet und so fein dargestellt sie auch sind, verlieren viele Landschaftsschilderungen der Frühzeit doch den Charakter der Grösse und der Kraft.

Es lässt sich übrigens in bezug auf die Naturmalerei keine feste Grenze ziehen zwischen den frühern Novellen und den späteren. Denn auch in den Frühnovellen finden wir prägnantere, grosszügigere Landschaftsdarstellungen: „Der Nachttau rieselte zwischen den Blättern, die Nachtigall hatte aufgehört zu schlagen. Allmählich wurde auch das tiefe Blau des Nachthimmels von Osten her durch einen blassgelben Schimmer verdrängt; ein frischer Wind erhob sich und streifte Reinhards heisse Stirn; die erste Lerche stieg jauchzend in die Luft" (I., 37), oder „Die Dämmerung war schon stark hereingebrochen. Von dem Ackerstücke, an welchem wir vorüberkamen, vernahm man die kurzen Laute der Brachvögel, die unsichtbar in den Furchen lagen; mitunter flog ein Kiebitz

---

[1] Biese, a. a. O., S. 38.

schreiend vor uns auf, und auf den Weiden stand das Vieh in dunkeln unkenntlichen Massen beisammen" (I., 80).

d) Die späteren Novellen.

Wie gesagt, kann man die Landschaftsdarstellungen der frühern und der späteren Novellen nicht scharf voneinander unterscheiden; der Übergang ist kein plötzlicher; er ergibt sich allmählich; ja, die realistischere Art der Landschaften der Spätzeit steht sozusagen mit einem Fuss schon in Storms Frühzeit.

Wir wissen, dass die lange Verbannung aus der Heimat (1853 bis 1864) und der Tod Konstanzes (1865) eine neue Periode in Storms Schaffen bedingen: die Periode des stärkeren Realismus,[1] der sich vor allem in der Wahl der Motive und demgemäss auch in der Art ihrer Darstellung kundtut: Problem- und Konflikt-Novellen. Der Lyriker Storm wird allmählich zum erschütternden Tragiker.

Dieser innere Wandel konnte natürlich nicht ohne Einfluss auf sein Naturgefühl bleiben. In einem früheren Kapitel (Einleitung) haben wir bereits konstatiert, dass in den Novellen dieser neuen Periode die Pinselführung auch in den Landschaftsmalereien entschiedener und charakterfester wird. Es werden hier nicht mehr hundert kleine, feine Einzelheiten geschildert und darob die grossen Landschaftslinien vergessen oder kaum angedeutet; die Natur wird jetzt mit mehr Bewusstsein und mehr Konzentration gezeichnet. Nur noch diejenigen ihrer Züge werden erwähnt, die wesentlich sind, um den Zweck der Landschaft — Erhöhung und Verstärkung der Handlungsvorgänge — zu erreichen, und welche bedeutend sind für die Handlung. Gemäss dem dramatischeren Stoffe erhalten auch die Schilderungen grössere Bewegtheit; wir sahen auch schon, dass nun Marsch und Meer häufiger auftauchen

---

[1] „...als du in Öl zu malen anfingst", sagte Paul Heyse. (G. Storm, II, 204.)

in den Dichtungen, da sie infolge der stürmischen Winde und der brausenden, sich auftürmenden Wogen lebhaftere, dramatischere Motive zu bieten vermögen als etwa Heide oder Garten. Was für ein Ungestüm zeigt z. B. das stürmische Meer und der rauhe Wind gleich zu Anfang der „Psyche“! Oder wie dramatisch ist das Steigen der Flut, das Klatschen der Wellen, das Pfeifen der Winde, das ganze gewaltige Toben der Naturmächte geschildert im „Carsten Curator“! — Nicht zur vollen Entfaltung ihrer ganzen Gewalt kommen die Gewitter[1] im „Doppelgänger“ und „Bötjer Basch“. Immerhin hat Storm in den frühern Novellen ein Gewitter lange nicht bis zu dieser Entwicklungsstufe kommen lassen. („Immensee“, „Auf der Universität“ usw.) — Und wieder in „Hans und Heinz Kirch“ das wilde Krachen der Äquinoktialstürme, die dann aber erst im „Schimmelreiter“, zusammen mit der ungeheuren Springflut zu riesenhafter Gewalt emporwachsen, zum grausigsten Entsetzen. Hier im „Schimmelreiter“ tritt, wie bereits früher erwähnt wurde, die Natur ganz als handelnde, feindliche Person auf und entwickelt ihre Macht, ihre feindliche Wut bis zu gigantischer Grossartigkeit. Wir staunen und sind erschüttert. Wir begreifen kaum, dass der greise Dichter am 9. Dezember 1887 an Gottfried Keller, den „Schimmelreiter“ betreffend, schreiben konnte:[2] „Nur leider — ich weiss nicht, ob ich noch die rechte Kraft hatte, den Stoff zu zwingen.“ Furchtbarer hätte wohl kein anderer Künstler diese grausige Sturmflut darstellen können mit ihrer atemlosen Spannung.[3]

Doch nicht nur diese dramatisch bewegten Landschaften — auch die ruhigen, sanften der Mondnächte usw. zeigen einen, ich möchte fast sagen, fundamentierteren Charakter als die frühern.

---

[1] Jeremias Gotthelf z. B. hat im Gegensatz dazu in seinem „Uli der Pächter“ (19. Cap.) ein urgewaltiges Hagelwetter dargestellt.

[2] Köster, a. a. O., S. 223.

[3] G. Storm (I., 57 ff.) erzählt, dass der achtjährige Knabe Storm eine gewaltige Sturmflut in Husum miterlebt habe.

Nicht nur sind sie gedrungener, man hat bei ihrer Lektüre auch das Gefühl ihrer viel grösseren Notwendigkeit für die Erzählung, da das Verhältnis der Landschaft zum Seelischen der Handlungsvorgänge ein viel innigeres ist. Wäre z. B. im „Fest auf Haderslevhuus", wo Rolf Lembeck die junge, holde Dagmar entdeckt, zu welcher nun seine Seele mächtig hindrängt, wäre diese wunderzarte Szene zu verstehen oder begründet ohne das feinsinnige Vorspiel und die bedeutungsvolle Begleitung, welche die Natur dazu spendet? Sicher nicht! — Oder man denke an die Schwalben in „St. Jürgen", wie sie zwitschernd den alten Turm umflattern, und wie durch sie so vieles Unausgesprochene kunstvoll an- und ausgedeutet wird! „Den Chorus der Novelle", nennt sie Erich Schmidt.[1] So könnte man die Beispiele häufen, welche klar dartun, wie viel bedeutungsvoller, gesättigter und kraftvoller die Naturschilderungen des Storm der zweiten Periode gegenüber denen der Frühzeit sind. Auch sie beweisen, dass Storms Kunst im Alter nicht nur nicht schwächer geworden ist, sondern sogar bis zu seinem späten Tode stets in wachsender Entwicklung begriffen war.

III. Tageszeiten und Jahreszeiten.

Nachdem wir schon öfters darauf hingewisen haben, welch bedeutungsvolle Rolle die Landschaft in Theodor Storms Novellen inne hat, werden wir von vornherein vermuten, dass sich das sensible Naturgefühl des Dichters auch in der intimen Belauschung der mannigfaltigen Stimmungen der Tages- und der Jahreszeiten nicht verleugnen wird, da diese ja doch ziemlich vollständig abhängig sind von der jeweiligen Belichtung. Wie etwa Richard Wagner in seinem „Tristan und Isolde" sozusagen alle Empfindungen einer Seele, ihr sanftes Erwachen, ihre immer mächtiger anschwellende Lebens-Sehnsucht, ihren strahlenden Glücksjubel, ihr

[1] E. Schmidt: Charakteristiken I, 410.

ahnungsvolles Todesbangen, ihr jauchzendes Sterben, ihre milde Verklärung so wundervoll ertönen lässt, so hat auch Storm in seinen Landschaften die tausendfarbige Symphonie, welche in den Stimmungen der Natur in den verschiedenen Tages- und Jahreszeiten schlummert, geschaffen. Er zeigt uns die Natur in der ersten Frühdämmerung, wenn ein blassgelber Schimmer das tiefe Blau des Nachthimmels verdrängt (I., 37), im frischen, blitzenden Morgenlichte (II., 137), im schwülen Glühen der Mittagsonne (I., 99), im Dämmern des Abends, im hellen Sternenschimmer (VII., 80), im bläulichen Duft der Mondscheinbeleuchtung (I., 261), wenn das Säuseln der Gräser, das Springen der Nachtblüten, das feine Singen in den Lüften erwacht (II., 163). Mit ganz besonderer Freude führt er uns immer und immer wieder in die Mondnacht hinaus, unter die blitzende Himmelsglocke, in die zaubervolle Sommernacht, die so manches holde Geheimnis seiner Menschen belauschen und mit ihren feinen Stimmen umwehen kann.

Was sinnliche Anschaulichkeit und Unmittelbarkeit der Stimmung anbetrifft, so sind die Schilderungen der verschiedenen Tageszeiten alle gleich frisch und intensiv erlebt. Der Dichter kannte die Köstlichkeit der frühen Morgenstunden; nicht nur hat er sie uns in „Immensee“ (I., 37) oder in den „Späten Rosen“ (I., 49—51) empfinden lassen, — er glaubte auch, wie er in seinem letzten Briefe an Mörike (1865) schreibt, seiner geliebten toten Konstanze nichts Lieberes antun zu können, als dass er sie „ohne Priester und Glockenklang, aber in der heiligen Morgenfrühe, die ersten Lerchen stiegen eben in die Luft“ [1] — zu Grabe trug. Mit Vorliebe, besonders in den Novellen der ersten Periode, malt der Dichter die Landschaft in der Mittags- und Nachmittagsschwüle. Die Sommermüdigkeit, die Gabriel im „Grünen Blatt“ bezwingt, beschleicht auch den Leser; in solcher Sommerschwüle träumt die Phantasie der Menschen gerne irgend einen duftigen Zauber vor

[1] Vergl. „Viola tricolor“, W. III., 62.

ihre Seele.[1] Man denke nur etwa wieder an Gabriel im „Grünen Blatt“, der ein ganzes Märchen erlebt beim Träumen in der Mittagshitze. — Der Nachmittag hat besonders für den älteren Storm etwas Melancholisches. „Man muss nachmittags keine Briefe schreiben, das ist die Zeit der Melancholie, zumal im Herbste und zumal im Alter“[2], schreibt er am 10. November 1884 an Gottfried Keller, nachdem er das erste Abenddämmern geschildert und Keller vom jähen Tode einer stolzen, bildschönen Tochter des Dorfes erzählt hat. Sprechend ist auch folgende Stelle in „Zur Wald- und Wasserfreude“: „ . . . Hier, an schwülen Sommernachmittagen, legte sie gern ihr Fahrzeug in den Schatten einer hohen Binsenwand; auf dem Boden des Bootes hingestreckt, die schmalen Hände über dem schwarzen Haar gefaltet, konnte sie ganze Stunden hier verbringen. Die Abgeschiedenheit des Ortes, das leise Rauschen der Binsen, über denen das lautlose Gaukeln der Libellen spielte, versenkte sie in einen Zustand der Geborgenheit vor jener doch so nahen Welt ihres Vaterhauses, in der sie immer weniger sich zurecht zu finden wusste“ (V., 285/286).

Vor allem aber liebte Storm die Abenddämmerung[3] und die Nacht mit ihrem stummen, ruhelosen Blitzen der Sterne, mit dem aufgehenden und hellscheinenden Monde und ihrem zarten Rinnen. Ihr unendliches Schweigen, das durch kleine, es unterbrechende Geräusche und wäre es nur „das leise Brennen der Sterne“ (I., 227) nur noch gewaltiger wirkt, lässt oftmals in den Menschen Ewigkeitsgedanken aufsteigen (I., 227).

---

[1] Vergl. etwa Hermann Linggs Sonett „Mittagszauber“ oder Mörikes „Schöne Buche“, auch Th. Fontanes Gedicht „Mittag“, worin er die Mittagsstille wie einen strömenden Regen zu hören vermeint.

[2] A. Köster, a. a. O., S. 202.

[3] Vgl. I., 31; IV., 136; V., 35; VI., 87; VII., 50 etc. Auffallend ist die Tatsache, dass Storm dem traulichen Teestündchen in der Abenddämmerung, das er als Mensch so sehr liebte (s. seine Briefe), die Daseinsberechtigung in einem Kunstwerke offenbar nicht zugestand; in keiner seiner Novellen erzählt er davon.

Storm bringt die helle Nacht mit Vorliebe in Zusammenhang mit den Höhepunkten seiner Erzählungen; in ihrem geheimnisvollen, zauberhaft beseelten Atem lässt er besonders gerne die Liebe entstehen oder Liebende zusammenkommen.[1]

Aus dem bisher Angeführten erkennt man sofort, dass die Färbung der Stimmung in den Landschaften einzelner Tageszeiten in engster Beziehung steht zu der jeweiligen Jahreszeit.

Der Winter wird von Storm am stiefmütterlichsten behandelt. Wohl spielt manche Episode der Novellen in der kalten Jahreszeit (vgl. „Ein Doppelgänger", „Zur Chronik von Grieshuus", „Abseits", „Unter dem Tannenbaum" usw.), jedoch wird diese meist nur mit allgemeinen Zügen charakterisiert, wie „die schneebedeckten Felder" (V., 206); „... auf den kahlen Bäumen (schrien) die Raben vor Frost und Hunger" (VI., 114); „weithin dehnte sich das Schneefeld" (I., 199) usw. Es scheint, dass Storm, wie etwa auch Gottfried Keller, mit dem Winter nicht sehr viel anzufangen wusste; die wärmeren duftigeren Jahreszeiten mögen seinen Erzählungen angemessener sein[2], da in Storm selbst nicht das Kalte, Schroffe des Winters liegt. Immerhin hat er, was Keller nicht tat, in zwei Winterlandschaften, wenn nicht den Winter selbst, so doch seine Vergnügungen verherrlicht. Im „Schimmelreiter" (VII., 179 ff.) schildert er ein nordfriesisches Eisfest, das sogenannte „Eisboseln". Zwar kommt bei dieser Beschreibung die eigentliche Winterlandschaft noch zu kurz; Storm tut nur gelegentlich einen schmalen Pinselstrich. Am ausführlichsten stellt er uns den Winter in der Novelle „Auf der Universität" dar. Der Abschnitt „Auf dem Mühlenteich" (II., 102 ff.) führt uns auf einen gefrorenen See, wo Alt und Jung Schlittschuh oder Schiebschlitten fährt. Die lebhafte Art der Schilderung dieser Eisvergnügungen bürgt dafür, dass der

[1] Vergl. etwa: I., 259; II., 163; III., 243 ff.; IV., 288 ff.; V., 44; VI., 275; VII., 215 ff.; VIII., 133 ff. etc.

[2] Lenau dagegen hat den Winter ergreifend geschildert („Winternacht", „Nächtliche Fahrt" etc.), dem Sommer aber kein Lied gesungen.

junge Storm selbst und gerne sich an solchen Winterfreuden beteiligt hat. Jedoch ein breites Malen der grossartigen Winterlandschaft finden wir auch hier nicht. Storm hat z. B. auch einige Weihnachtslieder gedichtet, in denen er aber, gegen seine sonstige Gewohnheit in der Lyrik, die Landschaft gar nicht erwähnt. „Die schlimme Winterzeit“ („Februar“, VIII., 230), wenn „die Flur so kalt, so kalt“ ist („März“, VIII., 230), übergeht er wenn möglich. In seinem „Oktoberlied“ (VIII., 191) sagt er:

„Wohl ist es Herbst; doch warte nur,
Doch warte nur ein Weilchen!
Der Frühling kommt, der Himmel lacht,
Es steht die Welt in Veilchen.“

Fast scheint es, als wäre für Storm der Winter nur berechtigt durch „das liebe Weihnachtsfest“, das er übrigens in seinen Briefen in die Heimat und an Gottfried Keller bis ins kleinste zu schildern nicht müde wird.

Eine unvergleichlich grössere Bedeutung für Storm und seine Menschen hat der Frühling.[1] An etlichen Stellen seiner Dichtungen hat er schon die ersten Lenztage geschildert. In der „Renate“ z. B. heisst es: „. . . kamen noch mehr der ersten Frühlingstage; von dem Strohdach unseres Hauses tropfete der Schnee herab, und die Vögel trugen den Sonnenschein auf ihren Schwingen“ (V., 63). Man vergleiche auch etwa die drei kleinen Gedichte „Februar“, „März“ und „April“ (VIII., 230). Doch der eigentliche Frühling, wenn „gleich Auferstehungsgruss ein Drosselschlag vom Wald herüber“ schallt (V., 55), hat auch für Storms Erzählungen wohl die stärkste treibende Kraft von allen Jahreszeiten.

„Entfesselt ist die urgewalt'ge Kraft, Die Erde quillt, die jungen Säfte tropfen, Und alles treibt, und alles webt und schafft,

---

[1] Wie manches Lied hat z. B. nur Uhland dem Frühling gesungen!

Des Lebens vollste Pulse hör' ich klopfen."[1] Naturgemäss übt diese „urgewalt'ge Kraft" am meisten ihre Macht aus auf die Liebesfähigkeit der Menschen; denn sie ist im Grunde doch der Urquell aller Lebenslust, der die Seele jung und taufrisch erhält. Wie in der Natur alles Gattungsmässige mit dem Lenz erwacht und mit Urgewalt die Geschöpfe zu einander hintreibt, so ist der Frühling auch für die menschliche Seele der Erwecker zur Liebe, und — „des Lebens vollste Pulse . . . klopfen". Storm liebt es wie Gottfried Keller, Frühling und junge Liebe in Einklang zu bringen. „Im Schloss" zeigt uns, wie ein Menschenpaar, das lange nicht zusammenkommen konnte, in einem Frühling endlich beglückt wird. Im „Bekenntnis" sehen wir ein liebeglückliches Ehepaar im Frühlingsgarten. Viel eindringlicher aber ist die Macht des Lenzes in der Erzählung „Späte Rosen" (I., 46 ff.). Da lässt ein frischer Frühlingsmorgen, vereint mit der Wirkung des Gottfriedschen „Tristan", in einem Manne eine späte Liebe zu seiner Frau aufblühen. „In der Stille der Morgenluft stiegen die Bilder der Dichtung wie Träume in mir auf. Indessen war die Zeit vorgerückt; die Sonne schien warm auf die Gartensteige, die Blätter tropften, die Wohlgerüche der Blumen verbreiteten sich, und in den Lüften begann das feine Getön der Insektenwelt. Ich empfand die Fülle der Natur, und ein Gefühl der Jugend überkam mich, als läge das Geheimnis des Lebens noch unentsiegelt vor mir . . ." (I., 50). Am zartesten jedoch ist das Aufströmen der jungen Liebe im Frühling wohl im „Fest auf Haderslevhuus" dargestellt. Dem Ritter Rolf Lembeck war ein Mannweib angetraut worden, das „kein Weib zum Minnen" war. Er aber, jung und spannkräftig wie er ist, sehnt sich nach einer „Fraue, die mein Herz begehrt". Er folgt dem Sang einer Nachtigall und kommt vor das Schloss Haderslevhuus. „Der Ritter schaute starr hinauf, als müsse er ein Wunder hier erwarten; aber nur der Nachthauch rührte

[1] Aus „Ostern", VIII., 237.

dann und wann das Laub der Bäume, und in kurzen Pausen schlug am Waldesrand die Nachtigall. Doch wie ein jäher Schreck durchfuhr es ihn: dort oben zwischen den Zinnen lehnte jetzt ein Weib; nein, nicht ein Weib; ein Kind — er wusste nicht, ob eines, ob das andere. Den Arm mit einem weissen Mäntelchen verhüllt, neigte sie sich tief hinab; denn der Kehle der Nachtbeleberin entquollen jetzt jene langgehaltenen Töne: sehnsüchtig, nicht enden wollend, wie ein heisser Liebeskuss“ (VI., 276). Am nächsten Abend folgt dann jene wundervolle Szene: „. . . und drunten aus der Tiefe schlug die Nachtigall. ‚Frühling!‘ sprach er leise und öffnete die Arme ihr entgegen. Da lag sie an seiner Brust . . .; und für die Worte, welche ihnen fehlten, sang die Nachtigall, als müsse ihr die Brust zerspringen — und nun ein Ton, lang ausatmend, ohne Ende. ‚Sie stirbt!‘ rief Dagmar, warf das Haupt zurück und schaute in des Mannes Augen. ‚O, kann man auch vor Liebe sterben?‘ — Er aber, in dem Törichttun der Minne, hob ihre Last gegen den Silberschein des Mondes und küsste ihre Wangen . . .“ (VI., 288). — Die Urgewalt des Frühlings![1]

Der Sommer hat bei Storm etwa dieselbe Stimmung und Wirkung wie der Mittag und Nachmittag: schwül, brütend, in seiner glühenden Stille fast unheimlich[2]. Wir können auf die früher angeführten Beispiele verweisen. Nur eines möchte ich hier noch als besonders typisch nennen, die Novelle „Waldwinkel“. Der hier geschilderte Sommer (vgl. besonders IV., 134 ff.) mit seiner drükkenden Hitze ist der einzig angemessene Hintergrund für die schwüle Sinnlichkeit der Erzählung; er spiegelt sie täuschend wieder, sodass man oft kaum unterscheiden kann, welches eigentlich das Urbild ist: die Sinnlichkeit der beiden Menschen oder die Sinnlichkeit des Sommers. — Sommerlandschaften kommen bei Storm ziemlich viel vor. Wir haben schon gesehen, dass sich in

[1] Vergl. noch etwa „Im Schloss“, I., 165 ff. etc; auch Storms Brief an Gottfried Keller, 5. Mai 1883, Köster, S. 173/74.

[2] Vergl. „Eine Halligfahrt“, IV., 17/18.

ihnen eine Seite seines Wesens ausdrückt: schwüle Träumerei, sinnliche Glut. Vom Zauber der geheimnisvollen Sommernacht haben wir auch bereits gesprochen und brauchen ihn hier nur noch einmal zu erwähnen.

Storms Neigung zum Resignieren, zu melancholischem Sinnen entspricht der Herbst, ähnlich wie das Abendwerden. Herbstlandschaften hat er, zumal in den späteren Novellen, wohl am häufigsten verwendet, freilich nicht im Sinne des Segens der Natur. Erntezeit hat er nirgends geschildert. Wohl zeigt er uns in der Humoreske „Wenn die Äpfel reif sind“ und besonders in der Novelle „Beim Vetter Christian“ (III., 297/298) eine kleine Apfelernte; doch diese sind weniger um der Ernte willen geschildert; vielmehr sind sie ein Teil der Handlung selbst. Getreideernten aber sehen wir bei Storm nicht. Mir scheint, er habe eine gewisse Antipathie gegen diese Ernte gehabt; drückt sie sich nicht verhalten in den Versen aus?:

„Die Sense rauscht, die Ähre fällt,
Die Tiere räumen scheu das Feld,
Der Mensch begehrt die ganze Welt.“ [1]

Um trübe, düstre Geheimnisse vorzudeuten oder stimmungsvoll einzukleiden, schildert Storm gerne stürmische Herbstlandschaften mit gelben, zur Erde flatternden Blättern, dunklen, fliegenden Wolken, mit Wäldern und Gärten ohne Vogelsang oder mit trüben Nordseewellen. Oder die Abendsonne vergoldet die abgeblühte, herbstliche Heide usw. — Der Abschied der beiden Kinder in „Pole Poppenspäler“ fällt auf einen stürmischen Oktobernachmittag mit kahler, nebliger Heidegegend, darüber kalter grauer Himmel (IV., 72/73). Das bevorstehende Erlöschen der Liebesseligkeit Richards in „Waldwinkel“ wird ahnungsvoll durch beginnenden Herbst in der Landschaft vorgedeutet (IV., 149).

---

[1] „Herbst“, 2. (VIII., 233.)

Oder im „Schimmelreiter“ begleitet das Herbstbrausen der Novemberstürme wirkungsvoll den Untergang Hauke Haiens, usw.

Wir sahen also, dass Storm feinsinnig die verschiedenen Stimmungen der Jahreszeiten mit den seelischen Vorgängen seiner Novellen einklingend stimmt[1]. Doch haben wir auch bemerkt, dass Herbst und Winter lange nicht den Einfluss auf die Menschen ausüben wie etwa der Sommer und vor allem der Frühling. Seine Urgewalt liegt, wie gesagt, in der Natur und in allem Leben.

IV. Verwendung der Landschaft.

a) Ortsbeschreibung und Stimmungsakkord.

Es ist auffallend, wie wenig Episoden der Stormschen Novellen sich im Innern des Hauses abspielen; wo dieses aber der Fall ist, verzichtet Storm nicht darauf, wenigstens irgend ein Motiv der vor dem Fenster oder der Türe liegenden Landschaft anzugeben. Im „Bekenntnis“ heisst es z. B.: „Sein Zimmer lag zu ebener Erde .... ein paar Fenster mit kleinen Scheiben gingen auf einen scheinbar ausser Gebrauch gestellten Hof, von dem die Seitengebäude jeden Sonnenstrahl abzuhalten schienen .... In der einen Ecke stand ein alter dürftig belaubter Holunderbusch ....“ (VIII., 112). In „Von jenseits des Meeres“: „Ich .... öffnete die Fenster; der weiche Rasen unten lag noch feucht von Tau, und der Duft der Rosen wehte mir frisch und morgenkühl entgegen (I., 255). In den „Späten Rosen“ finden wir die Stelle: „.... wir sassen nun .... auf der breiten Terrasse vor dem Hause, von der man über den tiefer liegenden Garten und über eine daran grenzende grüne Wiesenfläche auf das dunkle Wasser der Ostseebucht und jenseits dieser auf sanft ansteigende Buchenwälder hinaussah, deren Laub sich schon zu färben begann. Dies alles und der tiefblaue Herbsthimmel darüber war von den hohen Pappeln, die zu beiden

---

[1] Vergl. in diesem Sinne auch Goethes „Werther“.

Seiten der Terrasse standen, wie von dunklen Riesenkulissen eingefasst" (I., 42). Solche Landschaftsangaben sind nicht nur kleine Orientierungsbilder; sie geben zu gleicher Zeit auch das Kolorit der Stimmung, ein mehr oder weniger kurzes Vorspiel für die kommende Episode.

Ausführliche Ortsbeschreibungen finden wir in vielen Novellen Storms. Es ist aber ein feiner Kunstgriff dieses Dichters, dass er lang ausgesponnene Lokalschilderungen, die ja doch oft unentbehrlich sind, meistens gleich zu Anfang der Erzählung gibt. Dies wird ihm durch seine Technik der Erinnerungsnovelle ermöglicht. Und zwar beschreibt er uns die Landschaft, in der seine Fabel handeln soll, nicht durch ermüdendes Aufzählen Zug um Zug, sondern sehr oft tritt der Dichter selbst darin als handelnde Person auf; er erzählt dann gerne von seinen Jugendstreifereien in dieser und jener Gegend, vielleicht auch von einer Begegnung mit einem alten Hexenweibe („Renate") und bewirkt dadurch, dass seine Orientierungsbilder belebt werden. (Man vergleiche auch etwa „Zur Chronik von Grieshuus" oder „Aquis submersus" usw.) Durch dieses Vorwegnehmen der oft sehr breiten, aber darum, wie gesagt, nicht toten Lokalschilderungen erspart es sich der Dichter, sie mitten in den Gang der Handlung einstreuen zu müssen, wo sie lästig wirken und durch unnötige Retardierung empfindlich stören würden. Ist es aber dem Dichter nicht möglich, solche Orientierungsbilder vorauszunehmen, da der Schauplatz ja im Laufe der Begebenheiten wechseln kann, so macht er uns entweder auf einem Spaziergang oder einer Wasserfahrt mit dem Lokalbild vertraut[1] und vermeidet dadurch wiederum das blosse Aufzählen, weil beim Sich-Fortbewegen der Personen die Landschaft ein neues Bild nach dem andern aufweist, also gewissermassen sich auch in Bewegung befindet; oder der Dichter gibt uns mit dem Lokalkolorit zugleich ein Stimmungsbild und umgeht auch auf diese Weise den drohenden

[1] Vgl. „Immensee", „Auf der Universität", „Angelika", „Draussen im Haidedorf" etc. etc.

Abgrund des Langweilens. Übrigens ist keine einzige von Storms Ortsbeschreibungen nur Ortsbeschreibung; sie sind alle stärker oder schwächer mit Stimmung getränkt nach Storms Grundsatz: unmittelbar und zunächst sinnlich zu wirken; auch sind viele ihrer Motive symbolisch und sympathetisch aufzufassen. Doch sei dies hier nur beigefügt.

Vergegenwärtigen wir uns z. B. die grosse Ortsbeschreibung gleich im Anfang von „Aquis submersus“. Der Dichter erinnert sich darin an seine Streifereien als Knabe in dieser Heide-, Marsch- und Meerlandschaft; wir werden auch mit dem für die kommende Erzählung bedeutungslosesten Motiv bekannt gemacht (z. B. den verschiedenen Schmetterlings- und Blumenarten usw.); dennoch folgen wir der Schilderung, ohne müde zu werden; denn die Erinnerung des Dichters durchströmt das Ganze mit jenem sanften, sozusagen unterirdischen Leuchten, das ja allen Dichtungen Storms ihre ganz eigene, bestrickende Wärme verleiht. Wir haben also mit der Ortsbeschreibung zugleich ein Stimmungsbild. Fast noch deutlicher tritt dies in „Renate“ oder in der „Halligfahrt“ zutage. Besonders in der letztgenannten Novelle, die ja schon an und für sich (ähnlich „Immensee“ oder dem „Grünen Blatt“) eine ganz lyrische Erzählung ist, ist das Stimmungsmoment in der Lokalbeschreibung schwerwiegend; es tönt daraus wie weiche Harfenakkorde, deren präludierendes Arpeggio das richtige Gefühl der Weltenferne im Leser wachklingt.

Wohl die beliebteste und ästhetisch wirksamste Art der Lokalbeschreibung dürfte jene sein, welche die Schilderung des Ortes nicht in einem langen Atemzug vornimmt, sondern sie stückweise in die Handlung einstreut, indem sie zuerst mit grossen Strichen nur die Übersicht über das Milieu gibt, in dem die Handlung vor sich gehen soll, und dann hier und dort nähere Einzelheiten entweder in den Dialog oder sonst in die Kette der Vorgänge einflicht. Diese Art der Lokaldarstellung wird wohl von allen Dichtern geübt; sie kann kaum ermüdend werden und gibt zudem

Gelegenheit, durch die kürzeren Schilderungen immer neuer Lokalmotive einzelne Szenen stimmungsvoll einzuführen. — Eine solche Natur- und Ortsbeschreibung bietet etwa „Ein Fest auf Haderslevhuus“. Wir lernen zuerst nur die Lage des Schlosses kennen: „Der Wald ging zu Ende, und durch die Stämme sah er auf einen Sandweg, auf den der Mond seinen Schein herabwarf. Jenseits, in gleicher Helle, stieg eine jähe Hügelwand empor, und eine Zinnenmauer streckte sich auf ihr entlang. Rolf Lembeck betrachtete das genau; als aber seine Augen hinter Baumwipfeln den Oberteil eines runden Turmes gewahrten, da wusste er, das sei die Gartenseite von Haderslevhuus“ (VI., 275/76). Erst Seite 282 dann vernehmen wir, dass die Fenster Butzenscheiben haben; dann: „Sie schritten aus einem hinteren Tore durch einen weiten Hof ....“ (Seite 285), „Dann ging sie durch eine Pforte in den Garten, durch Lindengänge und zwischen düstern Taxusbüschen, ... und als sie auf den Platz hinaustrat, wo die Würzebeete waren und wo das volle Mondlicht ihr entgegenquoll ... (Seite 285); sie setzte sich auf die Bank und blickte vor sich auf den Wipfel der hohen Pappel, deren Blätter im Nachthauch sich bewegten“ (286). Nun wissen wir schon viel von Haderslevhuus; doch etwas später hören wir noch mehr. Sie „zog ihn mit sich auf eine kleine Höhe, von wo man seitwärts bei dem Walde in das flache Land hinaussehen konnte. Er glaubte eine Niederung zu gewahren und einzelne Pfähle, durch dunstigen Nebel schimmernd, der dort umzog“ [Friedhof] (Seite 287). Im weiteren Verlaufe der Novelle erfahren wir noch andere Einzelheiten, sodass wir am Ende doch ziemlich genau den Ort kennen. — Ein ebenfalls sprechendes Beispiel für diese Technik haben wir im „Schimmelreiter“. Durch diese ganze romanartige Novelle zieht sich eine je und je unterbrochene Perlenreihe von Ortsbeschreibungen, die aber immer oder doch zumeist auch Stimmungsakkorde für die jeweilige Szene bedeuten können. Die Beispiele liessen sich häufen.

b) Technisches.

Der berühmte Genfer Philosoph Aniel machte am 31. Oktober 1852 die Aufzeichnung: „Jede beliebige Landschaft ist ein Zustand der Seele, und wer in beiden liest, ist voll Staunens, die Ähnlichkeit in jeder Einzelheit wiederzufinden“. Theodor Storm verstand es, wie nicht geschwind ein anderer, in der Natur zu lesen und die verschiedenen Physiognomien der Landschaft in Einklang zu bringen mit denen der menschlichen Seele. Freilich hat die Landschaft nur das Leben, das wir aus unserer seelischen Stimmung ihr einhauchen; sie ist gleichsam nur die Materie, welcher die Menschenseele den Geist, die Seele gibt. Wir werden aber in einem spätern Kapitel sehen, dass die Landschaft umgekehrt auch den Menschen beeinflussen kann.

Bei Storm ist die reiche Verwendung der Landschaft auffallend. Zweck und Ziel der Landschaftsschilderung ist, wie wir wissen, Erhöhung und Verstärkung der Handlungsvorgänge in den Novellen; auch werden sie dem Leser sinnlich eindrucksvoller durch das Heranziehen der Landschaft, welche es ausserdem möglich macht, die einzelnen menschlichen Aktionen in die Sphäre des grossen, ewigen Reigens des Universums zu erheben. Aus dem landschaftlichen Hintergrund treten die Episoden hervor, wie die Sterne aus dem weiten Dunkelblau des Nachthimmels.

1. Naturparallelen zu Episoden.

Storm liebt es, bedeutende Schritte seiner Handlungen begleiten zu lassen durch parallele Landschaftsvorgänge. Er kann dadurch die Entfaltung der Fabeln gleichsam in Oktaven vor sich gehen lassen, wodurch eben ihr Klang verdoppelt wird, eindringlicher und tiefgründiger. Seelenglück wird vom schönsten Sonnenschein beleuchtet, sorgende Gedanken von trüben Wolken oder Regen, düstre Stimmungen von Gewitterschwüle und Wetterleuchten usw. In der Novelle „Beim Vetter Christian“ sieht die

Natur festlich aus, als der Vetter Christian mit Julie Hochzeit hält: „Dann im wunderschönen Monat Mai ..... gab es eine Hochzeit. Mit Goldregen und Syringen war das Haus geschmückt, auf allen Wänden lag der Frühlingssonnenschein; im Hafen flaggten alle Schiffe“ (III., 320). In der Weihnachtserzählung „Unter dem Tannenbaum“ sehen wir als Begleitung zu den schmerzlich-grollenden Heimatgedanken der Verbannten folgende Landschaft: „Weithin dehnte sich das Schneefeld; der Wind sauste; unter den Sternen vorüber jagten die Wolken; dorthin, wo in unsichtbarer Ferne ihre Heimat lag“ (I., 199). In „St. Jürgen“, als Harre von seiner Agnes Abschied nehmen will, ist es „ein dunkler, stürmischer Aprilabend“; die Wetterfahne kreischt; aber Agnes erscheint nicht. „Noch lange lehnte ich an der Flanke und sah die schwarzen Wolken am Himmel vorüberfliegen; endlich ging ich schweren Herzens fort“ (II., 31). Es ist Nebel, der „dicht über den Feldern und zwischen den Bäumen“ steht, als der im Geist umnachtete Förster in den Wald geht („Schweigen“, VII., 129). Und wie grossartig passt das tolle Stürmen des Windes und des Meeres zu den Todeskämpfen im „Carsten Curator“ oder im „Schimmelreiter“![1]

Doch nicht nur einzelne Momente, sondern auch die ganze Entwicklung von Seelen-Vorgängen wird durch die Natur begleitet. So sahen wir z. B. in der Novelle „Im Schloss“, wie es draussen trüber Winter ist, als die junge Schlossherrin an ihren ihr aufgezwungenen, von ihr nun getrennten Gatten schreibt, um die Wiederherstellung der unerwünschten Ehe zu versuchen; wie „eine freundliche Wintersonne“ zu scheinen beginnt, als sie den Tod ihres Gatten vernimmt, und wie es allmählich Frühling wird, als sie daran denken darf, nun mit einem geliebten Manne ein neues Leben beginnen zu können „Arnold und Anna traten aus der Allee auf das Rondeel hinaus, dem Laubschloss gegenüber, das hell von der Sonne beleuchtet vor ihnen lag .... So gingen sie

[1] Ähnliche Vorgänge finden wir in Lenaus Gedicht „Die drei Indianer“.

den grünen Buchengang hinab, dem Hause zu" .... „Mit dir zurück in die Welt, in den hohen hellen Tag!" (I., 165 ff.) Im „Schweigen" fanden wir den verwirrten, sich krank wähnenden Förster in dichtem Nebel auf dem Gang zum Tode. In einer engen Waldlichtung lehnt er sinnend an einem bemoosten Granitblock; nach und nach kommt Ruhe über ihn; nur von Zeit zu Zeit löst sich knisternd ein gelbes Blatt von den Bäumen; dann erklingt die Morgenglocke. Nun weiss er, dass seine Frau den von ihm hinterlassenen Brief gefunden hat; dass das furchtbare Schweigen nun zu Ende ist. „Hoch über ihm, als hätte auch sie die Glocke wachgerufen, durchbrach jetzt die Sonne den grauen Dunst; sie streute Funken auf die feuchten Wipfel und warf auch einen Lichtstrahl in des Mannes Seele" (VII., 134). Oder betrachten wir den Einklang zwischen Reinhards Seele und der Natur in „Immensee", wie er sich müht, sich in Gedanken von Elisabeth loszureissen und wie dennoch immer die Nachtigall singt; wie es endlich langsam tagt und Reinhard einige Abschiedszeilen schreibt; wie schliesslich draussen „die Welt im frischen Morgenlichte" liegt und Reinhard es über sich gebracht hat, zu entsagen und heimlich das stille Gehöft zu verlassen; .... „Er wanderte rasch hinaus; .... und vor ihm auf stieg die grosse weite Welt" (I., 36/37) usf. usf.[1]

Storm lässt die die Seelenvorgänge begleitende Natur auch gerne „vorspuken", d. h. der Gegenwart vorauseilend die Zukunft andeuten. In der „Halligfahrt" finden wir folgende hierfür charakteristische Tagebuchnotiz des Vetters: „Weisst du, dass es Vorgesichte gibt? — Mitunter, als könne sie nicht warten, bis auch ihre Zeit gekommen ist, wirft die Zukunft ihr Scheinbild in die Gegenwart" (IV., 32). Solche Scheinbilder, symbolisch durch gewisse Vorgänge in der Natur ausgedrückt, sind wohl bestimmt, in dem empfänglichen Leser eine gewisse Spannung zu erregen, ihn im Unterbewusstsein vorzubereiten auf kommende Geschehnisse. Da-

[1] Vergl. etwa noch: I., 278/79; II., 32; III., 116; IV., 178/79; V., 41; VI., 285 ff.; VII., 94 ff.; VIII., 144 ff. etc. etc.

durch steht die Landschaft oft momentan in scheinbarem Widerspruch zu dem eben Vorfallenden. Wenn z. B. in der „Psyche“ die Sonne strahlt, obwohl das Mädchen ein Spielzeug der Meereswellen und am Ertrinken ist, so sehen wir diesen Sonnenschein erst durch die folgende Rettung und das spätere Herzensglück des „Frölen“ gerechtfertigt. Oder wenn im „Waldwinkel“ der liebeglückliche Richard mitten in seiner Seligkeit ein Gemälde betrachtet, darauf er im ersten Sonnendufte ferne zwei jugendliche Gestalten, eine weibliche und eine männliche, Arm in Arm, wie schwebend in den Morgenschein wandern sieht, dieweil im Vordergrunde, ihnen nachblickend, die gebrochene Gestalt eines alten Mannes sich auf einen Stab lehnt[1], so ist auch dieses Bild nur eine auf den kommenden Verlust Franzis vordeutende Disharmonie. Ebenfalls so zu verstehen ist das schwüle, lautlose Wetterleuchten, das über den abendlichen See zuckt (II., 136). — Wir sehen den Bötjer Basch (VII., 49 ff.), den im Kopfe verwirrten Alten, nach dem Brautloch rennen, um sich dort zu ertränken; über der traurigen Szene liegt milder Septemberabendsonnenschein; das Wasser ist blank und totenstill. Diese dem Vorgang offenbar widersprechenden Kulissen deuten heimlich vor auf die Rettung und Genesung des Alten. — Ein bedeutendes Motiv solchen symbolischvorspukenden Verhaltens der Natur zeigt uns die Erzählung „Im Sonnenschein“ (I., 317). Der junge Kapitän sitzt auf einer Gartenbank, voll sprudelnden Liebesglückes. Vor sich, auf dem Gartensteig, sieht er den Schatten einer Geissblattranke, an deren Ende er die feinen Röhren der Blüte deutlich erkennt. Da bemerkt er den Schatten irgend eines Ungeziefers, das nach dem Blütenschatten kriecht. Um die gefährdete Blüte zu schützen, will er das Tier herunterschlagen; die Sonne aber blendet ihn: er muss die Augen abwenden. Dann sieht er zwischen den Kelchen der Schattenblüte eine dunkle Masse haften, die durch zuckende Bewegungen emsige tierische Tätigkeit verrät. Wieder will er nach

[1] W. II, 139.

dem Ungeziefer schlagen, — da tritt Fränzchen zu ihm hin (I., 317). Der Verlauf der Erzählung erweist dann dieses „Scharmuzzieren mit den Schatten“ als ein Vorgesicht der trüben Zukunft: der Wunsch der Brautleute, sich zu heiraten, stösst sich an dem harten Gegenwillen des Vaters der Braut zuschanden, die dann nach langsam nagender Krankheit jung stirbt.

Solches Vorspuken der Zukunft in der Natur verwendet Storm, wie gesagt, häufig und mit Vorliebe. Dies lag in seinem Wesen begründet. Storm war ein Charakter, der nicht glauben konnte, dass der Mensch ungestraft einen gehäuften Becher reinen Sonnenglückes vom Schicksal zuerteilt bekommen könne. Er fürchtete den Neid der Götter. Und wenn er auch im letzten Verse seines „Trost“-Gedichtes sagt: „Ich sehe die Schatten der Zukunft nicht“ (VIII., 249), so wissen wir aus seiner Lebensbeschreibung doch, dass er keinen Glücksfall erleben konnte, ohne die Schatten der Zukunft zu sehen.[1] — Ist die Erzählung vom „Weissen Alp“ in „Draussen im Haidedorf“ (III., 94) nicht ein Motiv, das eine unheimliche Geschichte vordeutet? Und klingt die Sage von der reichen, glänzenden, nun tief ins Meer versunkenen Stadt Rungholt in der „Halligfahrt“ (IV., 6 ff.) im Leser nicht eine Saite an, die im Einklang schwingen wird mit der Stimmung, welche die Erzählung vom geträumten, versunkenen Glück des Vetters in uns auslösen wird?

2. Naturgegensatz.

Wir haben bereits gesehen, dass die Landschaft auch nicht mit den Handlungsvorgängen harmonieren kann; jedoch deutete sie in den besprochenen Fällen auf Kommendes vor. Wenn Storm aber, ohne vordeuten zu wollen, die Landschaft in Gegensatz zu den menschlichen Dingen stellt, so tut er das aus verschiedenen Gründen, wie wir erfahren werden. Betrachten wir die Fälle näher, wo die Natur im Gegensatz zur menschlichen Psyche steht, so er-

[1] Vergl. besonders Schütze, S. 168.

gibt sich uns die Beobachtung, dass dies meist in weniger wichtigen Momenten geschieht und dann nur in kurzen Gegenüberstellungen wie: „Im übrigen wollte der Sonnenschein, der draussen fortdauernd vom Himmel auf die Erde glänzte, in der Wald- und Wasserfreude nicht zur Geltung kommen“ (V., 322); oder: „Die heitere Sonne, die vom Himmel strahlte, hat mir damals weh getan“ (VIII., 63); oder: „es folgte jetzt trotz allen Sonnenglanzes für mich eine Reihe von grauen Tagen“ (I., 276) usw. Ausserdem sehen wir fast immer die Natur in strahlender Herrlichkeit gegenüber düsteren Seelenzuständen; selten oder nie kommt der umgekehrte Fall vor. Will Storm damit eine gewisse Ironie der Natur dem kleinen Menschenschicksal gegenüber zeigen? Und will er gerade durch den erhabenen, strahlenden Gegensatz die Kleinlichkeit gewisser Lebensaugenblicke noch drastischer gestalten? Dass wenigstens der Kontrast verstärkende Wirkung ausübt, ist unverkennbar. Nur drei Beispiele seien angeführt. Wir spüren am Schluss der Novelle „Auf der Universität“ fast physischen Schmerz, wenn wir nach der Auffindung Lore Beauregards im Wasser lesen: „Als wir zwischen den Bäumen heraustraten, wurde ich fast vom Sonnenschein geblendet, der im vollsten Glanze vor uns über die weite Meeresbucht gebreitet lag. — Und in diesem Sonnenglanze lag auch sie“ (II., 157). Dieser Sonnenglanz mag, nebenbei bemerkt, auch symbolisch zu nehmen sein: Das geplagte Mädchen ist erlöst. — In „Aquis submersus“ steht die Stelle: „Ich weiss nicht, was für ein bang Gefühl mich plötzlich überkam, ohn' alle Ursach, wie ich derzeit dachte; denn es war eitel Sonnenschein umher, und vom Himmel herab klang ein gar herzlich und ermunternd Lerchensingen. Und siehe, dort auf der Koppel, wo der Hofmann seinen Immenhof hat, stand ja auch noch der alte Holzbirnenbaum und flüsterte mit seinen jungen Blättern in der blauen Luft“ (III., 214). Ein eindringliches Beispiel bietet uns auch „Veronika“: „. . . Ihre Augen schweiften bewusstlos in die Ferne; sie sah es nicht, wie die Dämmerung vor ihr auf die Berge sank, noch wie allmählich, während sie hier [am Mühlenbache] auf und ab wandelte, der Mond hinter ihnen emporstieg, und sein Licht über das stille Tal ergoss. Das Leben in seiner nackten Dürftigkeit stand vor ihr, wie sie es nie gesehen; ein endloser öder Weg, am Ende der Tod“ (II., 321). Unbekümmert um die Seele der Menschen geht die Natur ihren ewigen Gang; sie singt ihr ewiges Lied zu wonnigen und zu peinvollen Stunden der Menschen, und gerade durch dieses ihr Unbekümmertsein wird die Geringfügigkeit des einzelnen Menschenschicksals im Hinblick auf das All wirkungsvoll hervorgehoben.

3. Natur als Symbol für psychische Vorgänge.

Zwischen der Natur und der Seele der in ihr handelnden Personen bestehen sehr oft feine Beziehungen: viel Psychisches ist in der Landschaft symbolisch dargestellt. Besonders feinspürig scheinen mir jene symbolischen Naturschilderungen, in denen Storm die zartesten, von den Menschen selbst kaum erkannten oder nicht eingestandenen Seelenregungen ausdrückt. Sie sind das poetische Gegenbild zu den kaltblütigen Seelenanalysen, wie wir sie bei den Naturalisten finden; ich denke dabei etwa an Dostojewskis „Doppelgänger“. Diese symbolischen Landschaften sind bei Storm immer da, wo sie die Wirkung des Geschehenen verstärken können oder sie bergen, wie gesagt, selbst das Geschehende in sich. Und wenn Lenau in einem Briefe an Schurz (28. Juni 1834) sagt: „Die angewandte und zum Symbol gewordene Naturerscheinung soll nie Zweck, sondern nur Mittel sein zur Darstellung einer poetischen Idee“ — so hat Storm diese Forderung völlig befolgt und befriedigt.

Storms Neigung zur Symbolik ist sehr stark. Man wird bei ihm in dieser und in noch mancher andern Beziehung unwillkürlich an Gottfried Keller erinnert; überhaupt sind zwischen diesen beiden Dichtern manche Berührungspunkte augenfällig,[1] ohne dass

[1] Vgl. O. Luterbacher: „Die Landschaft in G. Kellers Prosawerken“. (Tübingen 1911.) Sprache und Dichtung, Heft 8.

man jedoch nachweisen könnte, dass sich die beiden vor der Zeit ihrer Freundschaft, die ja in beider Alter fällt, in irgendwelcher Weise beeinflusst hätten.

Das bekannteste Motiv Stormscher Symbolik dürfte wohl Reinhards vergebliches Schwimmen nach der weissen Wasserlilie in „Immensee“ sein. Diese landschaftliche Szene bringt dem Leser noch einmal zum Bewusstsein, dass Reinhard erfolglos um Elisabeth ringt. — Man macht Storm allgemein zum Vorwurf, Reinhards kraft- und kampfloses Entsagen sei allzu sentimental und unmännlich. Zu Storms Verteidigung möchte ich es doch wagen, auf die Bedeutsamkeit der Szene mit dem Wasserliliensymbol noch einmal besonders hinzudeuten, und ich glaube, fragen zu dürfen: gibt Reinhard denn wirklich seine Geliebte ganz kampflos auf? Ringen nicht seine Gedanken mit dem fremden schwarzen Wasser, mit dem tückischen Gestrick der unsichtbaren Pflanzen, um die ersehnte Wasserlilie zu erreichen? Würde man diese psychologisch bedeutsame Szene in die Sprache der Naturalisten übertragen — wir hätten hier sicher eine Szene, die man keineswegs als zu weichlich, zu kraftlos rügen dürfte. Freilich entsagt Reinhard; diese Tatsache bleibt bestehen. Doch scheint mir auch die durchaus nicht verschwommene, vielmehr für den jungen Storm erstaunlich frische, saftige Schilderung der frühen Morgenlandschaft, in welche Reinhard nach dem Abschied von Elisabeth hinauswandert, dafür zu sprechen, dass der Unglückliche männlich resigniert.

Auf Landschaftssymbolik stossen wir sozusagen in allen Stormschen Novellen. Hier können wir auch wieder jenes „Scharmuzzieren mit den Schatten“ in der Erzählung „Im Sonnenschein“ anführen. Die Schwalben in „St. Jürgen“ sind auch ein Symbol für die Seelenvorgänge der beiden jungen Leute. Wir sehen die alte Hansen in ihrem Stiftsstübchen sitzen und von ihrem Jugendliebsten Harre Jensen sprechen. . . „Als sie diese Worte sprach, schoss draussen ein Schwalbenzug mit lautem Geschrei vorüber, und gleich darauf flatterten zwei dieser Vögel bis nahe an die

Scheiben und setzten sich dann zwitschernd auf den offenen Fensterflügel. . . Hansens noch immer schöne blauen Augen blickten traurig auf die kleinen singenden Freunde“ (II., 27). Dann wollte sie allein sein. Die beiden Schwalben verraten uns, dass Hansen in Gedanken im Lande ihrer Jugendliebe weilt. Später erzählt der alte Harre Jensen von seinem Abschied von Agnes Hansen. Sie standen mitsammen auf dem Kirchturm, und Harre konnte sich immer noch nicht trennen: Die Schwalben umflogen den Turm im Sonnenglanz. Aber die Zeit drängte. „Da . . . kam eine Schwalbe geflogen, dass sie uns fast mit ihren Flügeln streifte; furchtlos, nur auf Armeslänge von uns, setzte sie sich auf den Rand des Geländers, und während wir wie gebannt in das kleine glänzende Auge blickten, schmetterte sie plötzlich mit geschwellter Kehle ihre Frühlingslaute in die Luft. Agnes warf sich an meine Brust, ‚Vergiss das Wiederkommen nicht!‘ rief sie. Da breitete der Vogel seine Schwingen aus und flog davon“ (II., 35/36). Ist diese Schwalbe nicht fast ein Spiegelbild der frühlingsfrohen, wanderlustigen Seele Harre Jensens? Als dieser später als alter Mann endlich zurückkehrt, um seine Agnes noch einmal zu sehen, da findet er sie tot, und das Schwalbennest vor Hansens Fenster ist leer. . . In der Novelle „Auf dem Staatshof“ ist der alte, herbstlich-verwahrloste Garten, durch den Marx und Anne Lene wandeln, ein Symbol für die verlorene Pracht und Macht der Familie des Mädchens. In „Viola tricolor“ versinnbildlicht der gänzlich verwilderte Garten das frühere Eheglück des Professors. Seine neue Gattin hat lange keinen Zutritt zu jener üppigen Wildnis. Erst als Rudolf Ines an seinem ersten Eheglück teilnehmen lässt, da öffnet er ihr den lange verschlossenen, geheimnisvollen Garten. — Für das neu erwachte Lebensgefühl, die neuen Wünsche und Leidenschaften Annas in der Novelle „Im Schloss“ ist die Frühlingslandschaft symbolisch. „. . . Mitunter blickte sie . . . in die weite morgenhelle Landschaft. Zwischen den Feldern stand hier und da ein Baum, wie brennend im Sonnenfeuer. . .“ (I., 167). Die im Sonnenfeuer wie brennend dastehenden Bäume sind bedeutsam! Oder wenn wir im „Carsten Curator“ die Stelle lesen: „In der schon eingetretenen Dunkelheit sass er unter dem alten Familienbaum, der längst von Früchten leer war und aus dessen Krone er jetzt Blatt um Blatt neben sich zu Boden fallen hörte. Er dachte rückwärts in die Vergangenheit. . .“ (V., 126) — so wissen wir, dass der von Früchten leere, nun noch die Blätter verlierende Familienbaum nichts anderes zu bedeuten hat, als dass Carstens ganze Hoffnungen auf seinen Sohn, auf seine Nachkommen überhaupt dahingesunken sind und dass all seine Lebenslust am Erlöschen ist. Und wenn in der Erzählung „Der Herr Etatsrat“ beim Begräbnis der unglücklichen Phia Sternow „eine leuchtende Junisonne . . . am Himmel“ steht, so will Storm damit sicher sagen, dass dem armen Mädchen im Tode endlich wohl ist (VI., 245).[1]

Mit besonders feiner Kunst wendet Storm die Landschaftssymbolik dort an, wo er solche Seelenzustände oder -vorgänge schildern will, die dem Helden selbst nicht bewusst oder klar sind, Seelenvorgänge, die sich gleichsam erst im Unterbewusstsein regen.[2] Naturgemäss kommt dies am ehesten bei jungen Menschen vor, die selbst noch nicht all ihre innersten Regungen zu beobachten und zu analysieren vermögen. Storms Novellen enthalten eine stattliche Reihe solcher für unbewusstes Seelenleben symbolischer Landschaftsschilderungen.

In der Erzählung „Von jenseits des Meeres“ sehen wir Alfred im bläulichen Duft der Mondscheinbeleuchtung in den Lusthain gehen. Die tiefen Schatten locken ihn, und nun irrt er — eine echt romantische Szene[3] — in dem Labyrinth dieses nächtlichen

[1] Vgl. etwa noch: I., 42 ff; II., 56; III., 117; IV., 145; V., 250; VI., 324/25; VII., 289; VIII., 133 ff. etc. etc.

[2] Ähnlich ist das bedeutsame Symbol in Gottfried Kellers „Sinngedicht“. XIII., 335 f.

[3] H. Eichentopf will in ihr direkte Beeinflussung Storms durch Eichendorffs „Marmorbild“ sehen.

Barockparkes; nach einigen Kreuz- und Quergängen befindet er sich an einem Wasser, aus dessen schwarzer Mitte sich das Marmorbild der sich zum Baden rüstenden Venus erhebt. Er schaut betroffen; er weiss nicht: ist es Leben oder Kunst. Dann irrt er weiter. Schliesslich möchte er noch einmal jenen Teich erreichen, findet ihn aber nicht mehr; wohl kommt er wieder an ein Wasser; aber keine Statue ist zu sehen. Hingegen im Schatten einer Laubwand steht eine weisse Frauengestalt. Machten die alten Götter die Runde? Die Nacht war wohl dazu geschaffen; aus der Ferne schlug die Nachtigall... Er findet Jenni; und eine geheimnisvolle Macht wirft sie einander in die Arme (I., 261 ff.). Das Umherirren Alfreds in dem unbekannten, zaubervollen Mondscheingarten mag wohl nichts anderes besagen wollen, als dass seine Seele suchend durch den Rätselgarten der Liebe irrt und endlich, endlich die Geliebte findet. Erst in diesem Augenblicke wird es Alfred bewusst, dass er Jenni suchte, dass er sie liebt.

In der „Renate“ haben wir ein symbolisches Motiv, bei dem die Menschen, Josias und Renate, schon mit halbem Bewusstsein ihre Seelen regieren. Josias soll Abschied nehmen. Es ist eine Mondnacht im Herbst. „Wir schlossen unsere Hände ineinander und schritten so mitsammen über die weite Hofstatt nach dem Flusse zu. Was wir sprachen, mag nicht viel gewesen sein; doch ist mir noch bewusst, wir sahen beid' auf unsere Schatten, wie sie vereinet vor uns auf den Rasen fielen, und so das Mondlicht zwischen ihnen Platz gewinnen wollte, neigeten wir uns schweigend zu einander und schaueten darauf hin, wie sie auf's neue in eins zusammenflossen. Dann stunden wir auf der Uferhöhe und sahen schweigend in das Land hinaus und hörten auf das Strömen des Flusses, der drunten mit seinen Wassern nach dem Meer hinabzog“ (V., 44/45). Drückt sich im Gebahren der jungen Leute und in der Landschaft nicht ihr heimlicher Wunsch aus, trotz der Trennung eins zu bleiben, und erkennen wir nicht ihre unausgesprochene Furcht vor der Vergänglichkeit ihrer Liebe?

Wenn wir im „Bötjer Basch“ (VII., 33) lesen, dass Mamsell Therebintchen von dem verwitweten Meister Basch für das nächste Frühjahr „zwei Suppenkräuterbeete zu gemeinschaftlichem Gebrauch“ erbittet, so haben wir Storm unwillkürlich leise im Verdacht, dass er damit sagen will, Fräulein Riekchen trage heimlich den Gedanken an eine Verbindung mit dem Meister mit sich herum; ihr ganzes Betragen scheint diesen Verdacht fast zu rechtfertigen. Aber es bleibt auch nur beim Verdacht. — Der Doktor in „Drüben am Markt“, nachdem die Bürgermeistertochter seine Werbung abgeschlagen, legt sich in der Marsch in das hohe Gras, stützt sinnend den Kopf in die Hand, und Storm lässt ihn folgendes betrachten: „Neben ihm um einen blühenden Distelbusch flogen zwei Schmetterlinge; Brennesselfalter, die in den Marschen häufig sind. Erst gaukelten sie lange um einander in der Luft; dann aber setzte sich der eine auf die Distelblüte, und während er zitternd die Flügel auf- und niederschlug, schwebte der andere über ihm und suchte sich ihm zu nähern. Es schien ein Paar zu sein, ein Liebesspiel . . . .“ (II., 201/202). Später erfahren wir, dass der Doktor an „die kleine Sophie“ denkt. Das Spiel der Schmetterlinge bedeutet somit nichts weiteres als das gleichsam aus der Seele des Doktors in die „kleinen stummen Sommergäste“ projizierte Spiel seiner Gedanken, die er sich aber nicht gerne einzugestehen scheint.

Wir finden auch einzelne Fälle, wo Storm eine ganze Stufe in der Entwicklung einer Fabel überspringt und sie durch irgend eine Landschaftschilderung symbolisch ersetzt oder überbrückt. In „Aquis submersus“ z. B. lässt Storm den Maler Johannes und seine Geliebte Katharina „von dreien furchtbaren Dämonen, von Zorn und Todesangst und Liebe“ verfolgt, mitsammen in des Mädchens Kammer die Abschiedsnacht verbringen. „Da ich in meine Kammer dich gelassen, so werd' ich doch dein Weib auch werden müssen“, sagt sie zu ihm, und diesen für das Kommende so gewichtigen Schritt ersetzt Storm massvoll und feinfühlig durch die Schilderung der schwülen Mondnacht mit dem Nachtigallenschlag und dem stummen Blitzen der Sterne (III., 247/48). — In der Novelle „Auf der Universität“ deutet Storm auch durch die Natur an, was er mit keiner Silbe von Lore sagt: dass sie sich wohl von dem Raugrafen hat verführen lassen, an jenem wilden Tanzabend, da sie mit der weissen Rose im schwarzen Haar auftrat. Man findet sie im Wasser tot auf. „Seetang und Muscheln hingen in den schwarzen Haaren. Die weisse Rose war fort; sie mochte ins Meer hinausgeschwommen sein“ (II., 157).

Am auffallendsten ist dieses Ersetzen eines Teiles der Handlung durch Naturschilderung in „Posthuma“ angewendet. Am Schlusse der kleinen Erzählung vernehmen wir: „.... seit ihrem Tode ist seine Begierde erloschen; .... er ist gezwungen, eine Tote zu lieben“ (II., 164). Den grossen Weg von der Begierde bis zur Liebe zeigt Storm nun in der Beschreibung des Grabes des Mädchens, gleich zu Anfang der Erzählung. „Das Grab war in dem Viertel der Armen, wo keine Steine auf den Gräbern liegen; erst ein niedriger Erdhügel, dann kam der Wind und wehte den losen Staub in den Weg; dann fiel der Regen vom Himmel und verwusch die Ecken; an Sommerabenden liefen die Kinder darüber weg. Endlich wurde es Winter; und nun fiel der Schnee darauf, dichter und dichter, bis es ganz verschwunden war. — Aber der Winter blieb nicht; es wurde wieder Frühling, es wurde Sommer. Auf den andern Gräbern brachen die Schneeglöckchen aus der Erde, das Immergrün blühte, die Rosen trieben grosse Knospen. Nun hatte auch hier das Grab sich überwachsen; erst ein feines Grün, Gras und Marienblatt, dann schossen rote Nesseln auf, Disteln und anderes Gewächs, was die Menschen Unkraut nennen; und an warmen Sommermittagen war es voll von Grillengesang. — Dann wieder eines Morgens waren alle Disteln und alles Unkraut verschwunden und nur das schöne Gras war noch da. Wieder einige Tage später stand an dem einen Ende ein schlichtes schwarzes Kreuz; endlich war auf der Rückseite des Kreuzes, vom Wege abgekehrt, ein Mädchenname eingeschnitten, mit kleinen Buchstaben, ohne Färbung, nur in der Nähe erkennbar" (II., 161 bis 162). Diese Geschichte des Grabes deutet uns an, welche Wandlung mit dem Bilde des Mädchens in der Erinnerung des jungen Mannes vor sich ging: vom völligen Gleichgültig- und Vergessensein bis zum stillen, pietätvollen Liebwerden.

So versteht es Storm, zur feinsinnigen wirkungsvollen Darstellung einer poetischen Idee, die Seelenvorgänge durch die Naturerscheinungen in mannigfaltigen Variationen zu symbolisieren.[1]

4. Natur als Mittel zur Charakterisierung von Menschen.

Es ist gewöhnlich nicht einerlei, ob ein Maler zu einem Porträt diesen oder jenen Hintergrund verwende; der Hintergrund kann mindestens ebenso charakteristisch für die betreffende Persönlichkeit sein wie etwa Form und Farbe ihrer Kleidung. Storm macht uns gerne den Charakter seiner Menschen bekannt, indem er uns etwa die Lage und das Aussehen ihrer Wohnung oder den Eindruck ihres Gartens oder ihr Verhältnis zu Pflanzen und Tieren schildert.

Der „Staatshof", welcher einst einer übermütigen, reichen Familie gehörte, liegt „unter einer düstern Baumgruppe von Rüstern und Silberpappeln, wie sie kein anderes Besitztum dieser Gegend aufzuweisen hat" (I., 58), „und der weitläufige Garten.... war vor Zeiten mit patrizischem Luxus angelegt". Das Gehöfte des Hofbauern in der „Renate" liegt, bezeichnend für die Bewohner, die sich mehr dünken als die anderen und die daher einsam sind und ausserdem irgend etwas Unheimliches im Hause haben, — „wie in Einsamkeit und nahezu versteckt unter gewaltigen Bäumen [Eichen], war auch kein lebend Wesen dort zu sehen....; nur oben aus den Baumkronen erhub sich gross Ge-

[1] Vgl. etwa noch: I., 107/108; I., 318; II., 182 und 194 ff.; III., 321; IV., 224, 288; VI., 275 ff.; VII., 13, 110 ff. etc.

vögel [Elstern] und flog dazwischen hin und wieder". Die Fenster, „die dorten so schwarz und heimlich unter den düstern Bäumen glitzerten" (V., 14/15), verstärken den seltsamen Eindruck dieses grossen Gebäudes. — In entgegengesetzter Weise spricht uns in der Novelle „Im Schloss" das trauliche Haus des Onkels von Arnold an: „. . . . in einer weiten Busch- und Wieseneinsamkeit lag ein stattlicher Bauerhof. Unter einer Gruppe dunkelgrüner Eichen erhob sich das Gebäude mit dem mächtigen fast bis zur Erde reichenden Strohdache, die braungetünchte Giebelseite uns entgegen, aus der die weissgestrichenen Fenster freundlich hervorleuchteten" (I., 141/42). Hier können nur gute Menschen wohnen. — Charakteristisch für den düsteren Seelenzustand des Doktors Franz im „Bekenntnis" ist sein dunkles Zimmer mit den kleinen Fensterscheiben, die auf einen feuchten, dämmerigen Hof mit dürftig belaubtem Hollunderbusch gehen (VIII., 112) usf.

Der Garten in der Novelle „Die Söhne des Senators", mit „dem gradlinigen, mit weissen Muscheln ausgestampften" und mit Buchs eingefassten Steige und dem „im Zopfstil erbauten Pavillon", — dieser Garten, dessen Pforte nur mit einem schweren Schlüssel aufzuschliessen ist, passt so recht zu dem alten, immer würdevollen und gestrengen Kaufherrn und Senator (VII., 285). — Wie charakteristisch für die vollständig verwahrloste, geizige Alte im „Nachbarhause links" ist doch ihr Garten! „Mir ist niemals so ellenlanges Unkraut vorgekommen! Von Blumen oder Gemüsebeeten, überhaupt von irgendeiner Gartenanlage, war dort keine Spur zu sehen; alles schien sich selbst gesäet zu haben; hoher Gartenmohn und in Saat geschossene Möhren wucherten durcheinander; in geilster Üppigkeit sprosste überall der Hundsschierling mit seinem dunklen Kraute. Aus diesem Wirrsal aber erhoben sich einzelne schwer mit Früchten beladene Obstbäume . . ." (VIII., 7). — Und wie fein gedacht ist es von Storm, dass er in „Abseits" Ehrenfried und Mamsell Meta im Gemüsegarten zusammentreffen und sie miteinander Spargeln ernten lässt! Diese beiden praktisch veranlagten, zum Materiellen gezwungenen Leutchen reichen sich über das Gemüsebeet die Hand zum Verlöbnis.

Es ist zudem einer der ganz seltenen Fälle, dass Storm uns seine Menschen in praktischer Arbeit zeigt, und auch hier tritt das Arbeitsmotiv nicht in dem Umfange auf wie etwa in Gottfried Kellers „Romeo und Julia“ oder gar in Otto Ludwigs Schieferdeckerroman „Zwischen Himmel und Erde“, wo uns der Dichter die Berufstätigkeit des Dachdeckers sehr ausführlich schildert. Solches kommt bei Storm, dem es in seinen Novellen mehr nur um das Seelische zu tun ist, nicht vor. Eine kleine Ausnahme könnte vielleicht der „Schimmelreiter“ machen, dessen Deichbauten wir verhältnismässig genau kennen lernen und verfolgen können.

Gute Menschen haben bei Storm Liebe zu den Tieren und gehen sorglich mit ihnen um. Schlechte Menschen zeigen sich roh und fühllos gegen diese Kreaturen. So schreibt der Dichter selbst einmal an seinen Sohn Karl: „Ausser dem Feuerfalter, blauen Argus, Pfauenauge und Zitronenfalter, die sich schon länger im Garten zeigen, kam bei dem heutigen Sommerwetter auch der grosse Perlmuttervogel. Ich habe die beiden unteren Rasen ungemäht gelassen, um ihnen die darauf blühenden Feld- und Heideblumen nicht zu entziehen“.[1] Im „Grünen Blatt“ streicht der gute Grossvater die Bienen „behutsam . . . von seiner Hand“. „Sie haben Menschenverstand“, sagte er, „man soll nur die Geduld haben“ (I., 104). Etwas später sehen wir, wie er mit der Messerspitze aus seiner Milch ein kleines Nachtgeziefer nimmt und „es sorgfältig auf den Tisch“ legt. „Es wird noch wieder fliegen“, sagte er, „man muss der Kreatur in ihren Nöten beistehen“ (I., 105.) Regine lässt die wegen Kirschenraub gefangenen Drosseln immer wieder fliegen (I., 106). Und wie kameradschaftlich verkehrt das Mädchen mit dem Rehkalb, mit dem es oft im Walde rennt! (I., 110). — Die feine Elsi im „Bekenntnis“ bittet

---

[1] G. Storm, II., 197.

ihren Gatten, einer ungeheuren Kröte, die in ihrem Garten ihre Höhle hat, „doch kein Leids geschehen zu lassen, denn wer wisse, was hinter jenen goldenen Augen stecke!“ (VIII., 130.) — Während wir im „Schloss“ den guten Onkel als grossen Liebhaber und Versteher der Tiere, der Natur überhaupt, sehen, ist die hochmütige Oberforstmeisterin eine Dame, deren Augen stets halb geschlossen waren, „als sei die Welt ihres vollen Blickes nicht wert, und ich dachte immer, ihr Fuss müsse jedes kleine Geschöpf auf ihrem Wege zertreten; so wenig sah sie, was unter ihr am Boden war“ (I., 152/53). — Aber wie fein charakterisiert uns Storm den Kammerjunker in der Novelle „Auf dem Staatshof“ als roh und grausam, indem er ihn eine Mücke unter Qualen töten lässt. Vor- und nachher erfahren wir nichts weiter über seinen Charakter, doch diese stumme Szene genügt, ihn uns höchst unsympathisch zu machen. „Ich sah, wie er sie [die Mücke] an den Flügeln sorgsam zwischen seinen Fingern hielt; wie er den Kopf herabneigte und die hülflosen Bewegungen des Geschöpfes mit Aufmerksamkeit zu betrachten schien. Nach einer Weile nahm er die neben ihm liegende Schreibfeder, tauchte sie in das Tintenfass und begann nun nacheinander Kopf und Brustschild seines kleinen Opfers in langsamen Zügen damit zu bestreichen. Bald aber änderte er sein Verfahren; er zog die Feder zurück und führte sie wie zum Stosse wiederholt gegen die Brust der Kreatur, welche mit den feinen Füssen die auf sie eindringende Spitze vergebens abzuwehren strebte. Seine blanken Augen waren ganz in dies Geschäft vertieft. Endlich aber schien er dessen überdrüssig zu werden; er durchstach das Tier und liess es vor sich auf den Tisch fallen“ (I., 76/77). (Nebenbei bemerkt ist diese Szene auch wiederum symbolisch-vorspukend: so wie mit der Mücke, wird der Kammerjunker auch mit Anne Lene umgehen.) — Hauke Haien, der „Schimmelreiter“, rettet trotz des drohenden Zornes der Deicharbeiter den kleinen Hund, den diese in den Deich warfen, damit er halte (VII., 243) usf.

Storm lässt die Menschen, die er uns lieb machen will, auch gerne Freude an Blumen haben. Für die alternde Marthe in „Marthe und ihre Uhr“ war es „immer ihr erster Festtag im Jahre, wenn ihr die Kinder der Schwester aus deren Garten die ersten Schneeglöckchen und Märzblumen brachten; dann wurde ein kleines Porzellankörbchen aus dem Schrank herabgenommen, und die Blumen zierten unter ihrer sorgsamen Pflege wochenlang die kleine Kammer“ (III., 4). Oder zu der traulichen „Lena Wies“ gehören einfach die roten, duftenden Levkojen auf dem Fensterbrett (III., 141). Der schöne milde Greis in der Erzählung „Im Nachbarhause links“, „dessen Fenster ich mir noch heute nicht ohne Sonnenschein und blühende Topfgewächse zu denken vermag“ (VIII., 9), pflegt seine Blumen mit vieler Liebe. Das Porträt des „Stillen Musikanten“, der so kindhaft und feingeistig ist, hebt sich wirkungsvoll ab von dem blauen Hintergrunde, den „ein wüster Platz“, von tausend Veilchen übersponnen, „die wie ein blauer Schein aus Gras und Moos hervorbrachen“, bildet. Bienen und Vögel singen darüber hin, und er fühlt sich „wie ein Seliger in diesem Duft und Sonnenschein“ (IV., 178/79). Oder wenn Storm „Im Schloss“ Arnold seine seltsame Vision von der sonnigen Waldlichtung mit den stummen, gaukelnden Schmetterlingen und der grossen smaragd-grünen, wie verzaubert blickenden Eidechse erzählen lässt (I., 145/46), so will er ihn als „Phantasten“, als künstlerisch empfindenden Menschen charakterisieren usf.

In gewissen Fällen ist auch die Farbe der Gewänder für die Menschen charakteristisch. So fällt es auf, dass viele Stormsche Mädchen- und Frauengestalten in weisse Kleider gehüllt sind. Wenn Storm von Marthe in „Marthe und ihre Uhr“ sagt, dass sie Freude an Blumen hatte, „und es schien mir ein Zeichen ihres anspruchslosen und resignierten Sinnes, dass sie unter ihnen die weissen und von diesen wieder die einfachen am liebsten hatte“ (III., 4), so gilt das wohl auch meistens für die weisse Farbe der Gewandung. So sehen wir Elisabeth in „Immensee“ weiss gekleidet;

Jenni in der Novelle „Von jenseits des Meeres“ sah Alfred „in jenen Tagen nie anders als in weissen Kleidern“ (I., 256); die edle, schlichte Gattin Rudolfs in den „Späten Rosen“ tritt ihm im weissen Morgenkleide entgegen, als die späte Liebe zu ihr ausbricht (I., 52); „Psyche“, das anspruchslose, frohe Kind, ist „ganz in Weiss“ (IV., 223). Das „aschfarbene“, „lichtgraue“ Gewand Elses im „Bekenntnis“, dazu der Schmetterling in ihrem Haar, sind Charakteristika für das märchen- und schattenhafte Wesen der seltsamen Frau, und dass der stille, träumerische Doktor in „Drüben am Markt“ immer einen blauen Frack, der alte, treue und brave Handlungsdiener Friedeberg stets einen nüchtern lederfarbenen Rock trägt, ist auch nicht nur von ungefähr so. Die dämonische Slovaken-Margreth in „Draussen im Heidedorf“ trägt ein „schwarzes Kopftuch“ usw.

V. Die Landschaft als Erlebnis.

Wohl hat die Landschaft, die Natur grösstenteils nur diejenige Stimmung, nur dasjenige Leben, welches wir betrachtenden und fühlenden Menschen in sie denken und in sie hinein fühlen. Doch umgekehrt vermag die Landschaft auch die Menschen zu beeinflussen, indem sie in den sie betrachtenden und geniessenden Menschen Gefühle und Gedanken erweckt, die ehedem nur in ihnen schlummerten und ohne die Wirkung der Natur vielleicht nie zum wachen Bewusstsein durchgedrungen wären. So erkennen wir, dass zarte, unsichtbare Äderchen die Natur und die Menschenseele verbinden, in denen ein geheimnisvolles Leben wechselseitig hin- und widerrinnt; daher vermag eine Landschaft die menschliche Psyche so stark zu beeinflussen, beruhigend oder erregend, dass man geradezu von einem Erlebnis sprechen kann.

Storm hat auch diese Wirkung der Natur in seinen Novellen verwendet. Ein einfaches Beispiel für das Erregen von Seelenzuständen durch die Landschaft[1] bietet uns „Marthe und ihre Uhr". Wir sehen Marthe über ihre Einsamkeit hinbrüten, immer härter, immer eindringlicher; endlich schaut sie auf. „Da schien die Sonne so warm in die Fensterscheiben, die Nelken auf dem Fensterbrett dufteten so süss; draussen schossen die Schwalben singend durch den Himmel. Sie musste wieder fröhlich sein, die Welt um sie her war zu freundlich" (III., 5).

Oft erweckt eine Landschaft auch Erinnerungen, durch Assoziation von Gedanken, indem die betreffenden Personen in der sie augenblicklich umgebenden Landschaft Züge erkennen, die ihnen von einer früher geschauten und lieb gewordenen Landschaft im Gedächtnis haften geblieben sind. So ergeht es Heinz Kirch in „Hans und Heinz Kirch", der als fremder und herabgekommener Mann nach langjährigem Verschollensein auf der See in sein Vaterhaus zurückkehrt. Allein im Hause, blickt er zum Fenster hinaus aufs Meer, wo er die weissen Wellenköpfe im Mondschein gewahren kann. Drüben auf der Insel bemerkt er auch einen hellen Dunst; im Dorfe dort war Jahrmarkt. „Er öffnete das Fenster und lehnte sich hinaus; fast meinte er durch das Rauschen des Wassers die ferne Tanzmusik zu hören; und als packe es ihn plötzlich, schlug er das Fenster eilig zu und sprang . . . in den Flur hinab" (VI., 51). Er rennt hinaus und rudert auf gestohlenem Boote durch den sprühenden Gischt der Insel zu. Auf einem Jahrmarkt war er einmal mit der Jugendgeliebten, mit der kleinen Wieb, auf der Insel gewesen und hatte ihr ein Ringlein zu erhandeln geholfen; in einer Maimondnacht einst, am Tage bevor er auf die grosse Seereise ging, hatte er Wiebchen noch einmal um den Warder herumgerudert, auch auf gestohlenem Boote. Diese verlorenen Stunden des Glückes reissen, durch die Landschaft erweckt, gross

[1] Ähnliches finden wir schon in Wolframs von Eschenbach „Parzival" III., 118, 24—28 (Lachmann 1879): „...eins tages si [Herzeloyde] in [Parzival] kapfen sach ûf die boume nâch der vogele schal. si wart wol innen, daz zeswal von der stimme ir kindes brust. des twanc in art und sîn gelust."

die Augen auf und treiben Heinz Kirch ungestüm, auf den Jahrmarkt hinüberzufahren und verzweifelt „vor jeder Bude, auf allen Tanzböden“ nach der „süssen kleinen Wieb“ zu suchen (VI., 64). — Ähnliches erlebt Josias in der „Renate“. „Nur unterweilen, zumal wenn ich zum abendlichen Spaziergange dem Ufer der Saale entlang wandelte, wenn die Wasser sich röteten und ihr sanftes Strömen an mein Ohr klang, überfielen mich wohl schwere, sehnende Gedanken nach der Heimat; und wenn dann im Südost der Mond emporstieg und mit seinem bleichen Licht die Gegend füllte, so sah ich in jedem düstern Fleck den Hof am fernen Treeneflusse, und mein Herz schrie nach dem Mädchen, so ich dort verlassen hatte“ (V., 49/50). Wieder erregt die Landschaft durch ihre mit der Heimat verwandten Züge heftige Erinnerungsgefühle. — Bedeutsamer ist diese Beeinflussung der Seele durch die Natur dann, wenn sie die Menschen zu Schritten treibt, die für die Entwicklung der Handlung wichtig, ja ausschlaggebend sind. In der Novelle „Eine Malerarbeit“ finden wir eine Art Geständnis Storms. Nachdem er „im Sonnenglanz die lachendste Landschaft“ geschildert hat, schreibt er: „Wer dessen noch fähig war, der musste hier von Lebens- und Liebeslust bestürmt werden“ (II., 59).

Dass die Natur ein treibender Faktor für die Seelenvorgänge in den Menschen sein kann, zeigt uns eine wunderhübsche Szene aus der Erzählung „Auf der Universität“. Die beiden Kinder, Philipp und Lore, deren Herzen eben erst erwacht sind, wandeln nach dem Besuch des Jahrmarktes zu zweit durch den alten, nachtschwarzen Park. Sie haben sich lieb und wissen es nicht; auch wagen sie nicht, ihre Neigung zu einander irgendwie zu bekunden. „Ich legte ihre Hand in meinen Arm und fasste sie dann wieder. In diesem Augenblick trollte vor uns etwas über den Weg; es mag ein Igel gewesen sein, der auf die Mäusejagd ging. Sie schrak ein wenig zusammen und drängte sich zu mir hin; und als ich, unabsichtlich fast, den Arm um sie legte, fühlte ich, wie ihr Köpfchen auf meine Schulter glitt“ (II., 119). Dann küssen sie sich.

So kam ihren jungen hilflosen Herzen der Igel und die Abgeschiedenheit des Buchenganges zu Hilfe. Ein ganz ähnlicher Fall kommt in der „Halligfahrt“ vor. Der junge Advokat und Susanne suchen am Strande Möveneier. Während nun der Jüngling durch „das Anrauschen des Meeres, das sanfte Wehen des Windes“ ins Träumen kommt, horcht das Mädchen unablässig an einem der grossen Eier; zwei mächtige Vögel kreischen und flügeln zornig ihr zu Häupten, bis eines der Tiere jählings auf sie herabschiesst. Sie schreit auf, so dass die Vögel zur Seite stieben, und fliegt auf den jungen Mann zu und schlingt beide Arme um seinen Hals (IV., 19 ff.). So haben die erzürnten Vögel und die Angst vor ihnen plötzlich das im Verborgenen keimende Liebespflänzchen ans Sonnenlicht durchbrechen lassen. — In den „Späten Rosen“ erfüllt die köstliche Heiligkeit der Morgennatur das vierzigjährige Herz Rudolfs so sehr mit dem Gefühl der Jugend, dass sich in ihm endlich eine späte, aber deshalb nicht minder ungestüme, grosse Liebe zu seiner verblühenden Gattin aus langem Schlafe reckt. (I., 50/51.)

Ein ganz hervorragendes Beispiel aber für das Erregen des schlummernden Lebens- und Liebesgefühls durch die Landschaft haben wir in der Novelle „Ein Fest auf Haderslevhuus“. Der junge Ritter Rolf Lembeck hat sich von seiner Frau Wulfhild, die „kein Weib zum Minnen“ ist, im Walde losgerissen, um eine Wildkatze zu jagen. In seinem Herzen, ihm unbewusst, dehnt sich leise das Verlangen nach süsser, glühender Minne. Aus dem dunklen Tannenwalde gelangt er in den Buchenforst; nur wie Tropfen fällt das Mondlicht herdurch; das Weben der Sommernacht umsäuselt ihn. „Da, von unweit vor ihm, drang es an sein Ohr, so süss, als wollt es alle Sehnsucht wecken, die in ihm schlief. ‚O Nachtigall, selige Singerin!‘, rief er, seine Arme in das Dunkel streckend.“ Will sie ihm die Fraue künden, die sein Herz begehrt? Er folgt dem Liebesvogel und erreicht am Rande des Waldes das Schloss Haderslevhuus, auf dessen Zinnen er die junge Dagmar erschaut.

Wie ein heisser Liebeskuss entquellen der Kehle der Nachtigall sehnsüchtig langgehaltene Töne. Da kann Rolf Lembeck „die sehnende Schwere“ nicht mehr allein tragen; er tritt aus dem Waldesschatten hervor ins Mondlicht und begrüsst die „Schöne, Selige!“ (VI., 275 ff.), die sein Herz von nun an mit so viel qualvoller Wonne erfüllt. Beiläufig sei hier erwähnt, dass die Landschaft in der eben angeführten Szene zugleich auch noch Ortsbeschreibung und Stimmungsakkord, Symbol für die geheimen Seelenregungen und ausserdem eine parallele Melodie zum Geschehenden ist, ein drastisches Beispiel dafür, dass die meisten Landschaften Storms mehr als nur eine künstlerische Absicht in sich tragen, dass ihre sinnliche Wirkung sozusagen von verschiedenen Punkten aus bedacht ist.

So wie eine Landschaft Heimweh erwecken kann, so erregt sie mitunter auch ein unbestimmtes Verlangen nach Glück, jene romantische Sehnsucht nach der unbekannten Ferne, die Eichendorff immer und immer wieder schildert; denken wir nur an seinen „Taugenichts“, in dessen Herzen die Natur, die blaue Ferne, die zaubervolle Mondnacht stets von neuem Wanderlust wachrufen, deren geheimster Pulsschlag immer das Verlangen nach einem kaum geahnten Glück ist. Auch Gottfried Keller kannte diese romantische Sehnsucht und stellte sie in seinen Werken dar.

In Storms „Waldwinkel“ haben wir ein äusserst bezeichnendes Beispiel für diese unbewusste Sehnsucht nach der fremden Ferne, nach einer inneren Befriedigung, deren Wesensart jedoch völlig ungekannt ist. Franzi und Richard haben eine lange Waldwanderung gemacht; nun kommen sie an den Waldrand; die Sonne funkelt senkrecht hernieder. „Sanft ansteigend breitete ein unabsehbares Kornfeld sich vor ihnen aus; es war in der Blütezeit des Roggens; mitunter wehten leichte Duftwolken darüber hin; bis gegen den Horizont erblickte man nichts als das leise Wogen dieser bläulich silbernen Fluten. Da klang von fern das Gebimmel einer Glocke; weit hinten, drüben aus dem Grunde, wo wohl das

Schloss gelegen sein mochte; gleich einem Rufen klang es durch die stille Mittagsluft, und wie hingezogen von den Lauten schritt Franziska in das wogende Ährenfeld hinein..... Immer weiter schritt sie; es wallte und flutete um sie her; und immer ferner sah er ihr Köpfchen über dem unbekannten Meere schwimmen“ (IV., 135). Aus Angst vor dem Erntekind, vor einer lauernden Macht ruft Richard Franziska zurück: „Die Glocke!“, kam es zurück. „Ich will nur wissen, wo die Glocke läutet!“ (IV., 136). Da das junge, glühende Mädchen hier mit einem alternden Manne einsam lebt, mag es doch im stillen ein seligeres Liebesglück ahnen, und diese ihm unbewusste Ahnung ist es wohl, die durch die Landschaft genährt und lebendig wurde. Oder wenn in der Novelle „In St. Jürgen“ Harre Jensen, der in die Welt hinausgewandert ist und in der Heimat sein Bräutlein Agnes zurückgelassen hat, und der, durch Vieles gezwungen, nie heimkehren konnte, sondern die Witwe seines Meisters aus Mitleid heiratete und darob endlich ein alter Mann wurde, — wenn Harre Jensen an Frühlingsabenden oder auch später im Jahr allein noch die Schwalben singen hört, dann klingt ihm im Ohre immer Agnesens liebe junge Stimme: „Vergiss das Wiederkommen nicht!“ Ein Sinnen und eine Sehnsucht nach dem verlorenen Glück überfällt ihn, und als ihn seine Frau so sieht, fragt sie ihn sanft: „Ist’s denn wieder einmal die Schwalbe?“ (II., 43.) Harres Sehnsucht ist zwar nicht so ganz unbestimmt, sie hat ein Ziel — die verlassene Braut. Doch ist für seine Verhältnisse dieses ersehnte Glück in so unerreichbarer Ferne, dass es nur noch ein Traum für ihn sein kann. Auch „Hinzelmeier“, der bei dem weisen, winterhaften Meister die Kunst lernt, den Stein der Weisen zu suchen, wird von romantischer Wanderlust ergriffen, wie er den Frühling spürt. In einer Mondnacht experimentiert der weise Meister; der Hauskater ist auch in dem Raume. „Plötzlich scholl von aussen her, von der First des Daches, das unter dem Fenster lag, ein langgezogener, sehnsüchtiger Laut, wie dessen von allen

Tieren nur die Katze und nur im Lenze mächtig ist. Der Kater richtete sich auf..... Noch einmal rief es draussen. Da sprang das Tier mit einem derben Satz auf den Fussboden und über Hinzelmeiers Schultern durch die Scheiben ins Freie..... Ein süsser Primelduft strich mit dem Zug ins Zimmer. Hinzelmeier sprang empor. ‚Es ist Frühling, Meister!' rief er und warf seinen Stuhl zurück. (Der Alte hört nicht auf ihn.) ‚Das Eis birst....., es läutet in der Luft!'" (III., 22). Frühlings- und Wanderlust fiebern so gewaltig in ihm, dass er seinen Abschied verlangt und in die Lenznacht hinausgeht. Was Reinhard in „Immensee" nach der fernen Wasserlilie schwimmen heisst, ist auch nichts anderes als romantische Sehnsucht nach dem unerreichbar fernen und doch so geheimnisvoll lockenden Glück.

Die Landschaft kann auch insofern zum Erlebnis werden, als sie in den ihr nicht gegenüberstehenden, sondern sich in ihr selbst befindlichen Menschen mystische Empfindungen wachruft, das Gefühl des unmittelbaren Einsseins mit ihr, mit dem All, mit Gott. Sie löst Gedanken an die Ewigkeit aus. Nach Uhland ist „das mystische Erscheinen unseres tiefsten Gemütes im Bilde, das Ahnen des Unendlichen in den Anschauungen" „das Romantische". In seinem Aufsatz „Die Lebensanschauung Theodor Storms"[1] sagt Otto Frommel, diese Sätze treffen zu auf Storms Naturbetrachtung. In seiner Landschaft „vernimmt er Töne, leise Seufzer, verhaltenen Atem, nächtige Stimmen, die wohl aus dem Rauschen der mondhellen Fluten, der windbewegten Blätter an sein Ohr herüberklingen, in denen aber doch noch etwas Anderes, Geheimnisvolles klingt, etwas vom einfachen Naturlaut Unterschiedenes. Die Seele selbst lebt in dieser rätselvollen Musik, sie vernimmt sich selbst darin und doch wieder ein Fremdes. Es vollzieht sich hier die Einigung des eigenen Geistes mit dem Geist des Alls. Frage und Antwort, Ruf und Echo verschmelzen sich zu einem selig-bangen

[1] Dtsch. Rdsch. (Berlin 1902.) CXII, 338 ff.

Lied mit sehnsüchtig anschwellenden Akkorden und ungelösten, verschleierten Harmonien" (S. 339). In der Novelle „Auf dem Staatshof" erzählt Storm, wie Marx und Anne Lene durch die Wildnis des alten Gartens gehen, auf den das Mondlicht der dichtbelaubten Bäume halber nicht fällt. „Es war so still, dass man nichts hörte als das Säuseln des Schilfs, das in den Gräben stand. ‚Sieh, Anne Lene', sagte ich, ‚die Erde schläft; wie schön sie ist!'" — Sie lauschen weiter dem Weben der Nacht. Da gellt der Ruf eines Seevogels durch die Stille. „Da mein Ohr einmal geweckt war, so vernahm ich nun auch aus der Ferne das Branden der Wellen, die in der hellen Nacht sich draussen über der wüsten geheimnisvollen Tiefe wälzten und von der kommenden Flut dem Strande zugeworfen wurden. Ein Gefühl der Öde und Verlorenheit überfiel mich ...."; und später, als die beiden vor dem alten, baufälligen Gartenpavillon stehen und der Mond auf Anne Lenes kleine Hand scheint, da überschleicht Marx „jener Schauer, der aus dem Verlangen nach Erdenlust und dem schmerzlichen Gefühl ihrer Vergänglichkeit so wunderbar gemischt ist" (I., 90/91).

Das Schweigen der Nacht, das noch mächtiger und eindringlicher zu rauschen beginnt, wenn irgendwelche vereinzelte Laute es unterbrechen [1], vermag das Gefühl unendlicher Einsamkeit und Verlassenheit zu erregen, das dann seinerseits die Empfindung der Ewigkeit erweckt, gleichsam um an ihr einen Halt zu suchen in der grenzenlosen Leere. Mamsell Meta in „Abseits" steht in der Weihnachtsnacht vor der Türe ihres einsamen Hauses in der öden Heide und schaut und lauscht hinaus in die schwarze Weite. „... und ihre Augen hoben sich unwillkürlich zu der grossen blitzenden Himmelsglocke, die in feierlicher Ruhe auf dem dunklen Erdenrunde stand. Es war so still, dass sie droben das leise Brennen der Sterne zu vernehmen meinte. Und immer neue, immer fernere drangen, je länger je mehr, einer hinter dem andern aus dem

---

[1] Was auch Eichendorff immer wieder eindrücklich schildert.

blauen Abgrund über ihr. Und immer weiter folgte ihr Blick; ihr war, als flöge ihre Seele mit von Stern zu Stern, als sei sie droben mit in der Unendlichkeit. ‚Du grosser, liebreicher Gott‘, flüsterte sie, ‚wie still regierst du deine Welt!‘“ (I. 227). — Der Bötjer Basch geht bei der Abenddämmerung oder wenn der Mond scheint oft nach dem Kirchhof und setzt sich auf das schmale Bänkchen unter der kleinen Linde, die auf dem Grabe seiner Frau und seines Kindchens wächst. „Dort sass er und blickte, so lange noch ein Schimmer davon sichtbar war, nach Westen auf das Meer und dachte an die Ewigkeit, welche nur allein noch vor ihm lag“ (VII., 41).

Noch einen weiteren Einfluss kann die Landschaft auf die menschliche Seele ausüben. Sie kann auch eine Stätte der Beruhigung für leidenschaftlich aufgeregte Sinne sein. Solche Wirkung zeigt sie auf Erhard in „Angelika“. Wir hören ihn „stammelnd vor Schmerz und Leidenschaft“ Angelikas Namen rufen; sie aber ist ferne und für ihn verloren. Endlich legt er sich ins offene Fenster. „Es regnete, die schweren Tropfen fielen in sein Haar, auf seine heissen Schläfen. So lag er lange regungslos, gedankenlos; nur im Innern das heimliche Toben seines Blutes fühlend und mechanisch unter sich auf das Rauschen der Blätter horchend. Aber die Natur, in der er schon so oft sich selber wiedergefunden, kam ihm auch hier zu Hilfe; sie zwang ihn nicht, sie wollte nichts von ihm; aber sie machte ihn allmählich kühl und still“ (I., 310). Der von schmerzlichen Gedanken bewegte Carsten Curator lässt „seinen müden Körper gegen den Stamm des Baumes sinken; fast beruhigend klang der leise Fall der Blätter ihm ins Ohr“ (V., 126). Nur der Vollständigkeit halber sei hier noch beigefügt, dass wir die einschläfernde Wirkung des tiefen, gleichförmigen Waldesrauschens in Storms Novellen öfters antreffen.[1]

Es kommt häufig vor, dass Personen Storms den echt romantischen Trieb in sich spüren, weltabgeschiedene Orte aufsuchen,

[1] Vgl. etwa: „Renate“, V., 16, „Doppelgänger“, V., 160 etc.

um dort bewusst die Einsamkeit zu geniessen. Storm selbst liebte sehr solche Gänge; das ersehen wir aus einer Briefstelle an Mörike (2. Dezember 1855): „In der Prosa ruhte ich mich aus von den Erregungen des Tages; dort suchte ich grüne, stille Sommereinsamkeit“.

Solche Zufluchtsstätte vor dem lauten Weltgetriebe suchen Richard und Franziska im „Waldwinkel“, wo sie weit ringsum in Wald und Heide einzig Mann und Frau sein können. So legt sich der Doktor in „Drüben am Markt“, nachdem die Bürgermeisterstochter seine Werbung ausgeschlagen, oft ins hohe Gras der einsamen Marsch und blickt bewegungslos nach dem säuselnden Schilf oder nach den gaukelnden Brennesselfaltern und bemüht sich, seine eigenen Gedanken zu überwinden. So auch streckt sich Kätti in der „Wald- und Wasserfreude“ gerne auf dem Boden ihres Bootes hin, wenn an schwülen Sommernachmittagen der rings umschlossene Wasserspiegel still und von Binsen beschattet daliegt; und „die Abgeschiedenheit des Ortes, das leise Rauschen der Binsen .... versenkte sie in einen Zustand der Geborgenheit vor jener doch so nahen Welt ihres Vaterhauses, in der sie immer weniger sich zurecht zu finden wusste“ (V., 286) usf.[1]

VI. Stilistisches.[2]

Um unmittelbar und sinnlich wirken zu können, muss der Dichter auch seine Sprache derart formen, dass ihr Anschauungs- und Stimmungsgehalt eindrücklich wird. Sie muss so gestaltet sein, dass der Leser das Geschilderte nicht nur sich vorstellen, sondern auch mitempfinden, miterleben kann. Von der Anschaulichkeit der

[1] Für die Landschaft als Erlebnis vgl. noch etwa: I., 38, 94, 146, 259 ff.; II., 12, 111 ff., 163, 327 ff.; III., 239, 244 ff.; IV., 134 ff., 190; V., 114, 214 f., 317 ff.; VI., 75 f., 86 ff., 242, 285 ff.; VII., 45, 158 ff., 252; VIII., 145...

[2] Vgl. Ratzel: „Über Naturschilderung“, die Abschnitte 8 und 9, „Das Wort“ und „Das Bild“.

Sprache hängt der grösste Teil der lebendigen Wirkung eines Bildes ab.

Die eigentümliche Sinnlichkeit der Wirkung der Stormschen Landschaften erklärt sich daraus, dass Storm nie über die Schönheit oder Erhabenheit einer Landschaft redet, sondern sie gestaltet. Storm könnte z. B. in hundert Liedern von der Sehnsucht seiner Personen sprechen, und wir würden ihm doch kaum glauben. So aber malt er uns Landschaften, ohne jemals das Wort Sehnsucht zu gebrauchen, und doch wecken sie in uns ein unstillbares Verlangen.[1]

Storm geht darauf aus, die Stimmung, welche eine Landschaft in ihm auslöste, auch im Leser zu erzeugen,[2] und dies gelingt ihm eben dadurch, dass er die Natur nicht reizend nennt, sondern von ihr diejenigen Eigenschaften angibt, von denen er weiss oder fühlt, dass sie in ihm jenen Reiz ausmachten. „Wer den Reiz nennt, empfindet ihn nicht mehr, er denkt ihn“, sagt Lenau. Wohl singt Storm etwa im Gedichte „Auf dem Segeberg“ (VIII., 248), dass er die Welt „voll Schönheit“ ihm zu Füssen ruhen sehe; jedoch schildert er gleich darnach auch diese schönheitsvolle Welt so, dass auch wir ihre Schönheit sehen und erleben:

„Musik! Musik! Die Lerchen singen,
Aus Wies' und Wäldern steigt Gesang,
Die Mücken in den Lüften schwingen
Den süssen Sommerharfenklang.
Und unten auf besonnter Flur
Seh' ich des Kornes Wellen treiben,
In blauen Wölkchen drüber stäuben
Ein keusch Geheimnis der Natur“.

Wichtig für die Belebung einer Landschaft ist die Wahl der Verba. Wir sahen früher bereits, dass in allen Landschaften Storms

---

[1] Vgl. W. Dreesen, a. a. O., S. 52 f.

[2] An Friedr. Eggers schreibt Storm (S. 17) am 13. März 1853: „...auch sind alle meine landschaftlichen Sachen doch eigentlich lyrisch, so ist das Gedicht ‚Abseits‘ nicht sowohl eine Beschreibung der Heide, als vielmehr der poetische Eindruck, den die Heide auf mich gemacht hat.“

Bewegtheit, und wäre sie noch so zart und gering, zu finden ist, die oft allein eine Schilderung vor dem Totsein zu bewahren vermag. Wenn die Natur noch so ungeheuer schweigend und still ist, so flimmert oder schimmert oder funkelt doch noch die Sonne oder der Mond auf Blättern oder auf Wasser, oder spielt durch das Laub, oder wir sehen zum mindesten das „stumme ruhelose Blitzen der Sterne“; ein Nachtfalter oder ein Käfer surrt durch die Stille, der Tau rieselt im Laube von Blatt zu Blatt. Ein sich durch die Ebene *drängender* Fluss, ein sich zwischen Bäumen *hinaufschlingender* Fussweg, ein lautlos *vorübergleitendes* Boot, am Boden *hinkriechende* Baumwurzeln, ein über die Wiesen *laufender* Fusspfad, die über das Wasser *geworfene* oder sich *streckende* Brücke des Mondspiegels, *rauchende* Wälder, *vorüberjagende* Wolken, in den Bäumen *wühlender* Wind, *wogende* Getreidefluten, *blänkernde* Wassertümpel, den Weg *überschwemmende* Nebel, ein sich aus dem Gebüsch *vordrängender* Spillbaum, eine *sich öffnende* Lichtung, der den letzten Tagschein *besiegende* Mond, einem *entgegenquellendes* Mondlicht, das *steigende* Dunkel, ein *davongaukelnder* Schmetterling, eine den Ort *durchschneidende* Chausee — — — all diese Verba drücken irgend eine Bewegung aus und wirken damit anreizend auf das Gefühl. Sie beleben die Landschaft durch die in ihnen schaffende Kraft der Anschaulichkeit und der Tätigkeit.

Auch die Verwendung von Bildern und Vergleichen trägt wesentlich dazu bei, uns das Geschilderte zu versinnlichen. Sie sind nicht nur ein schmückendes Prunkstück oder putzendes Anhängsel der Sprache, sondern dienen ebensosehr dazu, Geschildertes eindringlicher zu vergegenwärtigen, anschaulicher und beseelter zu gestalten. Doch kommt es bei Storm selten vor, dass er Züge der Landschaft oder die Naturgewalten personifiziert, wie das etwa Jean Paul[1] und besonders die Romantiker, Tieck voran, und neuer-

[1] Vgl. L. Böhme a. a. O., S. 110 ff.

dings Carl Spitteler[1] tun. Storm zieht einzelne Motive aus der Natur, und fast nur solche, zu Vergleichen mit einzelnen Motiven aus dem Menschenleben heran. Die zum Vergleich herangezogenen Bilder aber wirken durch den ihnen innelebenden Empfindungsgehalt anregend und befruchtend auf das Gefühl und die Intuition des Lesers. Somit ist es dem Dichter ermöglicht, je nach der Wahl des Vergleichbildes dem Leser manches Geheime, Unsagbare zu offenbaren, das er mit nüchternen, theoretisierenden Auseinandersetzungen niemals der Empfindung des Lesers hätte näher bringen können.

Storm verwendet fast nie solche Vergleiche, welche die Phantasie in allzu enge und strenge Bahnen zwingen. Sie hat gleichsam noch Raum genug, um ihre Schwingen zu versuchen. Damit kann auch noch die Empfindung in leise zitternde Erregung kommen, und dieser Umstand ist es, der den Stormschen Bildern jenen feinen, nur für empfängliche Leser spürbaren Stimmungszauber und -gehalt verbürgt, den wir ja im Grossen bei seinen Naturschilderungen empfinden. Wie wird unser Gefühl und Einbildungsvermögen z. B. angeregt, wenn Storm uns die Augen eines Mädchens so charakterisiert: „Es musste eine Welt voll Frühlingsonnenlichtes sein, in welche diese jungen lachenden Augen hinaussahen!" (I., 15). Oder wenn in Mamsell Metas Antlitz ein Lächeln tritt, „als blicke sie unter sich in eine sonnige Landschaft" (I., 209). Dieses Bild ist zugleich symbolisch: Meta denkt eben an ihre frohe Jugendzeit zurück. Auf Annas Antlitz breitete sich „ein Lächeln wie Sonnenwärme" (VII., 138).

Wir sehen bei Storms Gestalten Augen, grosse, glänzende, die „wie ein Abgrund" waren; schwarze, die „einen See ausbrennen könnten"; Blicke, die einen „wie Sommerluft durchströmen"; der Blick einer Sterbenden, der einen „flüchtig wie ein schiessender Stern" trifft usw. — Seine Personen charakterisiert

---

[1] Siehe etwa Spittelers „Olymp. Frühling".

Storm auch allgemein gerne durch Naturvergleiche. Psyche sei ein Mädchen, „zart wie ein Schmetterling“; Phia Sternow erscheint „fast nur wie ein Mondenschimmer“; die Mädchen auf dem Ball hatten „sich wie zu einem Blumenbeet zusammengeschart“; Fränzchen „lachte so leicht, es lief über sie hin wie ein Windhauch über den See“ (I., 318). Sie geht „wie eine Bachstelze“. Annchen steht vor dem stillen Musikanten „wie ein Vogel auf dem Zweig“ und hebt an zu singen (IV., 183); Psyche fliegt „wie ein scheuer Vogel“ den Deich hinan, und „gleich einem vom Sturm geworfenen Vogel hing sie am Pfahl“; ihr entfährt „ein Laut, so leise wie das Springen einer Knospe“ (IV., 225). Die sterbenskranke Else liegt ihrem Gatten „wie eine welke Blume“ im Arm. Der Vetter in „Eine Halligfahrt“ schreibt: „O Eveline! Der Strom der Schönheit ergiesst sich ewig durch die Welt, aber auch du bist nur ein Wellenblinken, das aufleuchtet und erlischt“ (IV., 33). Während „die Reden des Schulmeisters wie leeres Wellengeräusch“ an Kättis Ohr vorübergingen (V., 322), hörten sich die Worte des Grossvaters an „wie ein rieselndes Wasser; ein Stillleben nach dem andern entfaltete sich aus diesen milden Reden“ (I., 104). Die begeisterten Worte Arnolds über die Weltschöpfung fielen „wie Tautropfen“ in Annas durstige Seele (I., 150). Was der alte Wildmeister und Rolf, Vater und Sohn, die sich endlich wiederfinden, mitsammen sprachen, „war leise gleich wie ein junges Vogelzwitschern“ (VI., 171). Die Briefe, die Rick Geyers aus Rio und Hongkong schrieb, „waren so hell und jung geschrieben, als stünde er im Maiensonnenschein am Steuerrad und der Südwind wehte durch seine dunklen Locken“ (VIII., 88). Alfred sagt zu Jenni: „. . . wie der Nachthauch durch die Blätter weht — spurlos, so wirst auch du vergehen“ (I., 267). Jenni erinnert sich an die Stimme ihrer Mutter, die sie einst in den Schlaf gesummt, „süss wie Bienengetön“ (I., 282). „Es gibt Tage, die den Rosen gleichen: sie duften und leuchten, und alles ist vorüber; es folgt ihnen keine Frucht, aber auch keine Enttäuschung“ (IV., 26).

Einige andere der Natur entnommene Vergleiche, die wegen ihrer Sinnfälligkeit und Eigenart auffallen, seien nur noch erwähnt: gelbe Blätter fliegen „wie Vogelschwärme von den Bäumen“; „einem Platzregen gleich“ stürzt sich eine Flucht von Tauben vom Dache auf den Boden herab; Möven tanzen „gleich ungeheuren Schneeflocken in der Luft“; „ein Reif“ fällt „auf die Freude“; „sanft wie eine Wolke“ kommt der Schlaf; Haydnsche Klänge sind „wie Vogelsang und Sommerspiel der Lüfte“; „gleich einem Stern aus unsichtbaren Höhen“ fällt es in den Sinn; eine kleine Frauenhand legt sich „gleich einem kühlen Blatte“ auf die Stirn; der Atem geht schwer „wie Sommerluft“ usf.

VII. Schlussbemerkungen.

Wenn wir die Hauptzüge der Landschaften Storms rückblickend zusammenfassen, so ergibt sich uns etwa folgendes: Die Landschaftschilderungen spiegeln deutlich die Entwicklung seines Naturgefühls wieder, da sie völlig im Charakter des Dichters begründet liegen. Wir können den Fortschritt von elegischer, romantisch-verträumter Weichheit zu schärferem, ja bisweilen dramatischem Realismus, dem trotzdem die gesättigte Stimmung nie fehlt, verfolgen. Seine Naturschilderung befriedigt auch vollständig seine eigene strenge Forderung, dass er in der Poesie hören, schauen und empfinden, dass er in erster Linie eine sinnliche Wirkung verspüren und im empfänglichen Leser seine Stimmung reproduzieren will. Er erfüllt damit den Lessingschen Satz: „Malet uns, Dichter, das Wohlgefallen, . . . das Entzücken, welches die Schönheit verursacht, und ihr habt die Schönheit selbst gemalt“, indem er „Schönheit in Reiz verwandelt“.[1]

---

[1] Lessing, Laokoon, XXI. — Vgl. auch Goethe, W. XXIV. 312, „Maximen und Reflexionen“: „Die Blume gewinnt erst ihren Reiz durch das Insekt, das ihr anhängt, durch den Tautropfen, der sie befruchtet...“

Seinen Neigungen und seiner Naturanlage entsprechend malt Storm mit Vorliebe romantische Naturbilder; doch schildert er jenes Phantastisch-Unheimliche, Dämonische, wie es Eichendorff und vor allem Tieck liebt, nur in einzelnen Fällen.[1] Seine Empfindungen sind mit dem gedeutet, was Goethe als das von einer romantischen Gegend erweckte „stille Gefühl des Erhabenen unter der Form der Vergangenheit oder, was gleich lautet: der Einsamkeit, Abwesenheit, Abgeschiedenheit“ bezeichnet.[2] Storm kann, seiner echt dichterisch pantheistischen Weltanschauung[3] zufolge, Handlungen und Empfindungen der Menschen nicht zeichnen, ohne die Natur in irgend eine Beziehung dazu zu setzen. Die Landschaft verwendet er als Stimmungsfaktor, als Begleiterin und Verstärkerin der Handlungsvorgänge, als Spiegel, als Symbol der menschlichen Seele, als Trägerin oder Erregerin menschlicher Empfindungen und Gedanken. Wir fanden auch, dass jedes Landschaftsbild mehrere dieser Eigenschaften in sich vereinigt.

Storm ist, wie jeder grosse Künstler, Symboliker. Die Welt, die Natur ist für ihn nicht nur, wie sie dem Materialisten *ist*, sondern für ihn, den Künstler, den Romantiker, den Idealisten, *bedeutet* sie etwas. Er gewahrt die geheimsten Wechselbeziehungen zwischen Mensch und Natur; er stellt diese Beziehungen dar und erhebt dadurch die subjektive Handlungsweise seiner Gestalten in die Sphäre des Allgemein-Wahren, des Ewigen.

---

[1] Vgl. „Auf der Universität“, „Abseits“, „Eine Halligfahrt“, „Draussen im Haidedorf“, „Waldwinkel“, „Renate“, „Schimmelreiter“.

[2] „Maximen und Reflexionen“, W. XXIV., 189.

[3] Vgl. Frommel, a. a. O.

LITERATUR

J. Bächtold: Briefwechsel zwischen Th. Storm und Ed. Mörike. Dtsch. Rdsch. 58 (1889).

A. Biese: Deutsche Lit. Gesch., IV. Aufl. München 1912.

— Die Entwicklung des Naturgefühls im Mittelalter und in der Neuzeit. Leipzig 1892.

— Th. Storm und der moderne Realismus (Literar. Volkshefte 9), Berlin 1888.

— Pädagogik und Poesie, 2 Bände, Berlin 1908 und 1905.

L. Böhme: Die Landschaft in den Werken Hölderlins und Jean Pauls. Leipzig 1908.

H. Bracher: Rahmenerzählung und Verwandtes bei G. Keller, C. F. Meyer und Th. Storm. Leipzig 1909.

W. Dreesen: Romantische Elemente bei Th. Storm. Dortmund 1905.

H. Eichentopf: Th. Storms Erzählungskunst in ihrer Entwicklung. Marburg 1908.

E. Esmarch: Th. Storm und die Welt des Gemütes. Monatsbll. f. Dtsch. Lit., 8 (1896), S. 214—229.

Th. Fontane: Von Zwanzig bis Dreissig. Autobiographisches. 2. Aufl. Berlin 1898, besonders: *Der Tunnel über der Spree.*

K. Friedemann: Die Rolle des Erzählers in der Epik. Leipzig 1910.

O. Frommel: Die Lebensanschauung Th. Storms. Dtsch. Rdsch. 112 (1902), S. 338—353.

Th. Gesky: Lenau als Naturdichter. Leipzig 1902.

H. Gilbert: Th. Storm als Erzieher (zur Lebensfreude). Lübeck 1904.

Goethe: (hsggb. v. Heinemann.) „Einfache Nachahmung der Natur, Manier, Stil“ (1788).

— „Ruysdael als Dichter“ (1813).

Klaus Groth: Th. Storms sämtliche Schriften. West. Monatsh., Nr. 147, Dezember 1868.

W. Herrmann: Th. Storms Lyrik (Probefahrten, 17. Bd., herausg. v. A. Köster). Leipzig 1911.

Ric. Huch: Blütezeit der Romantik. IV. Aufl. Leipzig 1911.

A. Köster: Briefwechsel zwischen Th. Storm und G. Keller; III. Auflage. Berlin 1909.

F. Krüger: Th. Storm in Lübeck. — Ztschr. des Vereins für Lüb. Gesch. und Altertumskunde, 13 (1911), S. 359—383.

P. R. Kuh: Briefw. zwischen Th. Storm und Emil Kuh. West. Monatsh. 67, (1889—90).

O. Ladendorf: Th. Storm. „Immensee“ und „Ein grünes Blatt“. Leipzig und Berlin 1903.

O. Luterbacher: Die Landschaft in Gottfried Kellers Prosawerken. „Sprache und Dichtung“ 8, herausgeg. von H. Maync und S. Singer. Tübingen 1911.

Th. Matthias: Th. Storm als Novellist. Ztschr. für den deutschen Unterricht, Jahrg. 13, S. 521—556.

C. Mayer: Technik der Gestaltendarstellung in den Novellen Th. Storms. Novellen der Frühzeit, 1847—72. Kiel 1907.

H. Maync: Storm, Keller und Meyer. Lit. Echo, VII., 547—550.

R. M. Meyer: Deutsche Literaturgesch. des 19. Jahrh. 3. Aufl., Berlin 1906.

W. Moog: Das Naturgefühl in Goethes Faust. Euphorion XVIII., 411—421.

L. Pietsch: Th. Storm. Eine Lebensskizze. West. Monatsh. Nr. 145, Oktober 1868.

Fr. Ratzel: Über Naturschilderung (Volksausgabe). München u. Berlin 1911.

Else Riemann: Th. Storms Bemerkungen zur Theorie d. Novelle u. die Entwicklung seiner Novellistik. — In „Studien zur Literaturgeschichte“ (Alb. Köster überreicht), S. 233—248. Leipzig 1912.

F. Rudolph: Die Welt des Sichtbaren in ihrer Darstellung bei Jeremias Gotthelf. Bern 1906.

Erich Schmidt: Th. Storm. Charakteristiken, I., Berlin 1902.

S. Schott: Th. Storm und G. Keller. Xenien, I. (1908—09). S. 385—393.

S. Schultze: Die Entwicklung des Naturgefühls in der Deutschen Literatur des 19. Jahrh. — I. Teil: Das romantische Naturgefühl. Halle a. S. 1907.

— Die Zeitseele in der modernen Lit. und Kunst, zwei Kapitel: Die Weib- und die Naturauffassung. Halle a. S. 1898.

P. Schütze: Th. Storm; sein Leben und seine Dichtung. III. Aufl., herausg. von E. Lange. Berlin 1911.

H. W. Seidel: Th. Storms Briefe an Friedr. Eggers. Berlin 1911.

A. Stern: Th. Storm. Studien zur Lit. der Gegenwart. Dresden und Leipzig 1898.

H. Stigeler: Die stofflichen Elemente der Lyrik des Freiherrn Joseph von Eichendorff. Diss. Bern, 1910.

G. Storm: Th. Storms Briefe in die Heimat aus den Jahren 1853—64. Berlin 1907.

— Th. Storm. Ein Bild seines Lebens. 2 Bände, Berlin 1912 und 1913.

Th. Storm: Sämtliche Werke in 8 Bänden; 20. Aufl. Braunschweig 1910.

— Hausbuch aus deutschen Dichtern seit Claudius. IV. Auflage. Braunschweig 1878.

— Nachgelassene Blätter. Dtsch. Rdsch., 57 (1888), S. 341—346.

J. Vlasimsky: Heine — Storm. Euphorion, XVII. (1910), S. 664—666. (Vgl. auch S. 359—360.)

— Mimische Studien zu Th. Storm. Euphorion, XVII., S. 636—650; XVIII. (1911), S. 150—157 und 468—478.

Zeitfracht Medien GmbH
Ferdinand-Jühlke-Straße 7
99095 Erfurt, Deutschland
produktsicherheit@kolibri360.de